CHARLES YVES COUSIN D'AVALLON

HISTOIRE
DU
GÉNÉRAL PICHEGRU

Elibron Classics
www.elibron.com

Elibron Classics series.

ISBN 0-543-91396-1 (paperback)
ISBN 0-543-91395-3 (hardcover)

This Elibron Classics Replica Edition is an unabridged facsimile of the edition published in 1802 by Barba, Paris.

HISTOIRE

DU

GÉNÉRAL PICHEGRU.

Se trouve chez ALICI, Libraire,
dans la grande Perspective,
vis-à-vis l'Amirauté.

On trouve chez le même libraire :

Histoire de Moreau, 1 vol. in-12, avec portrait, 1 fr. 50 cent.

Histoire du général Bonaparte, depuis sa naissance jusqu'à la paix générale, 2 vol. in-12, avec portrait, troisième édition, considérablement augmentée, 3 fr.

Sous presse :

Histoire des généraux Desaix et Kléber, 1 vol. in-12, avec leur portrait. 2 fr.

Histoire du Théâtre Français pendant la révolution, avec les portraits de Brizards, Préville, Dessessarts et mademoiselle Joly; 4 vol. in-12; par Etienne et Martainville.

PICHEGRU.

General des Armees de la Rep. f.se
de a Arbois Dep.t du Jura le 16 f.r 1761

HISTOIRE

DU

GÉNÉRAL PICHEGRU,

PRÉCÉDÉE

D'une Notice sur sa Vie Politique et Militaire;

ET SUIVIE

Des anecdotes, traits intéressans, et réponses remarquables de ce général.

Historia, quoquo modo scripta, delectat; sunt enim homines naturâ curiosi, et quâlibet nudâ rerum cognitione capiuntur.
Plin. Jun., liv. III, Ep. VIII.

A PARIS,

Chez Barba, libraire, palais du Tribunat, galerie derrière le théâtre Français, n°. 51; et galerie de bois, côté du jardin, près du même théâtre, n°. 264.

AN X. — 1082.

DE L'IMPRIMERIE DE BRASSEUR,

RUE DE LA HARPE, N°. 477.

PRÉFACE.

PARMI tous les généraux qui ont combattu pour le maintien et la gloire de la république française, Pichegru est un de ceux envers qui la patrie s'est montrée la plus reconnaissante. Long-tems environné de l'estime, de l'amour et de l'admiration de ses concitoyens, il ne pouvait espérer de plus glorieuse récompense que celle de se voir appelé au nombre des hommes chargés de l'honorable fonction de donner des lois à l'état qu'il avait su défendre et illustrer par son épée : Pichegru devint membre du corps législatif en l'an IV, et c'est à ce poste d'honneur, gage mémorable de la reconnaissance publique, qu'il rencontra l'écueil de sa gloire. Ses lauriers se flétrirent dans la chaire curule ; on ne vit plus en lui l'illustre général ; il ne montra plus à la France étonnée qu'un homme d'état à petites vues, et livré aveuglément aux funestes impressions de l'esprit d'intrigue et de parti. Tel est, du moins, le jugement, peut-être trop sévère, que l'on en porta aux tems dont nous parlons. Trop voisins encore des hommes et des circonstances pour asseoir un jugement impartial, nous nous bornerons dans le cours de cette histoire à citer les faits: ils parlent plus haut que les passions; c'est sur eux seuls que la postérité prononcera: la gloire ou la honte qui nous attend dans l'avenir repose toujours sur la vérité, et la vérité ne peut se trouver que dans le récit pur et simple des faits et des circonstances; le devoir de l'historien se borne à les retracer fidèlement.

Pichegru fut-il aigri par le machiavélisme et l'ineptie des hommes qui gouvernaient alors la république ? fut-il entraîné par l'ambition, ou égaré par un amour mal raisonné du bien public ? devons-nous plaindre en lui le grand homme livré à la séduction, ou détester le perfide qui trahit une patrie qui l'honore ? C'est au tems seul à répondre. Quoiqu'il en soit, sa vie, ses combats, ses victoires sont des monumens qui appartiennent à l'histoire, et c'est toujours une tâche utile que de les recueillir et de les publier. D'ailleurs, la gloire de nos légions se trouve liée aux campagnes de Pichegru, comme à celles de tous les autres généraux qui conduisirent nos phalanges aux dangers et à la victoire. Ce motif seul aurait suffi pour nous déterminer à publier l'ouvrage que nous offrons au public. Nous avons voulu qu'il fût digne du but que nous nous proposions : forcés de recourir à la tradition, nous avons soigneusement écarté tout ce que la haine, l'esprit de parti, la discorde et l'envie, pire que tous ces autres fléaux, inspirèrent à différens publicistes; nous n'avons puisé qu'aux sources de la vérité. C'est au public à juger maintenant si nous avons rempli dignement la tâche que nous nous sommes imposée.

PORTRAIT
DE
PICHEGRU.

*Pichegru a cinq pieds cinq pouces ; il est très-corporé, sans être gras ; sa constitution robuste est celle d'un homme de guerre ; sa figure, sévère au premier abord, s'adoucit dans la communication, et inspire la plus grande confiance. Sa politesse ne ressemble point à celle qu'on appelle d'*étiquette*, qui n'est ordinairement que duplicité et four-*

berie : la sienne est sans affectation. On voit qu'il est franchement obligeant, et qu'il est naturellement bon : mais il n'a rien de ce qui faisait autrefois parvenir les courtisans.

NOTICE

SUR

LA VIE MILITAIRE ET POLITIQUE

DU

GÉNÉRAL PICHEGRU.

PICHEGRU est né à Arbois * en 1761. Sa famille n'est ni illustre ni opulente ; mais les hommes d'un vrai talent n'ont pas besoin de l'appui de leurs aïeux pour paraître grands. Semblable

* Cette petite ville est dans cette partie de la Franche-Comté qu'on appelle *bailliage d'Aval*, qui fait aujourd'hui la plus grande partie du département du Jura.

à ces météores lumineux, dont on ignore les causes, qui vous laissent frappés d'admiration, même après qu'ils sont disparus, le grand homme n'a besoin ni d'aïeux, ni de descendans; il compose seul toute sa race. *

Il fit ses premières études au collège d'Arbois, et sa philosophie chez les Minimes de cette ville. Ayant soutenu un acte particulier, et montrant un goût décidé pour les sciences exactes, les Minimes l'engagèrent à al-

* Nous n'envisageons ici Pichegru que comme un grand général, sans nous prononcer sur ses opinions politiques.

ler répéter la philosophie et les mathématiques dans le collège qu'ils avaient à Brienne. Il y alla, autant pour se fortifier dans les connaissances qu'il avait déjà, que pour les enseigner aux autres. Voilà ce qui a fait croire faussement que Pichegru avait été Minime.

A la fin de son cours, il s'enrôla dans le premier régiment d'artillerie (en 1783.) Les officiers de ce corps ne tardèrent pas à s'apercevoir que ce jeune homme avait des connaissances précieuses dans l'art de l'artilleur. Il fut nommé sergent en

1785, et sergent-major en 1789. On sait que c'était alors une faveur signalée qu'une telle promotion, pour ce que l'on appelait un roturier : c'était *l'ultimatum* de son avancement.

Dans les premières années de la révolution, un bataillon du Gard étant à Besançon, et se trouvant sans chef, la société populaire lui présenta Pichegru qui la présidait, et ce bataillon l'accepta pour commandant.

Envoyé à l'armée du Rhin, il parvint en peu de tems à un grade plus élevé; mais il ne dut son avancement qu'à sa bravoure et à ses talens personnels.

Dans le moment de crise qui suivit la perte des lignes de Weissembourg, Lebas et Saint-Just, représentans du peuple, alors à Strasbourg, sachant que Pichegru n'était point d'une caste privilégiée, qu'il avait de l'éducation, du service et des connaissances, le nommèrent général en chef de l'armée du Rhin ; mais en lui associant Hoche, général en chef de l'armée de la Moselle. Les deux armées, ainsi réunies, mirent en fuite à leur tour les troupes de la coalition , débloquèrent Landau, et forcèrent l'ennemi à chercher son salut dans Mayence.

Ce fut à cette époque même que le comité de salut public, instruit qu'un esprit de rivalité et de jalousie régnait entre les deux généraux, et que leur division ne pouvait contribuer qu'à retarder le succès des deux armées, appela Pichegru à Paris, et le nomma ensuite général en chef des armées du Nord et de Sambre-et-Meuse: il fut chargé d'y ranimer l'ardeur belliqueuse, et de rétablir la discipline dans celle du Nord, alors inondée de perturbateurs, consternée des succès de l'ennemi, et sur le point de se débander. * Ses efforts, et ceux du représentant du peuple Richard, ** parvinrent enfin à la tirer de cet état de découragement et d'insubordination.

* Ces perturbateurs étaient les proconsuls que la convention y envoyait, et dont la mission, à ce qu'il parut, était de contrarier toutes les opérations des généraux, de faire des motions désorganisatrices au milieu des camps, de destituer les principaux officiers qui leur portaient ombrage, et de faire incarcérer ceux qui étaient suspects.

** Ce représentant fut peut-être le seul qui

C'est ici que commence cette glorieuse campagne, qui fut suivie de la conquête de toute la Hollande. C'est au mois de germinal an II qu'après avoir concerté ses opérations avec celles de Jourdan, qui commandait l'armée de Sambre-et-Meuse, il longea la côte maritime, se rendit maître d'Ypres, de Furnes, de Menin, de Courtrai, de Nieuport et d'Ostende; il poursuivit ensuite sa marche triomphante jusqu'à la Chartreuse,

sentit que la guerre ne se faisait pas avec des motions, et que la discipline était l'ame d'une armée.

derrière Liège; chassa les autrichiens au-delà de Cologne, et s'empara successivement de toutes les places fortes de la Hollande, pendant que tous les pas de Jourdan étaient aussi marqués par des victoires et des conquêtes.

Mandé à Paris dans les premiers jours de germinal an III, il fut, le 12, investi du commandement de la garde parisienne, et rétablit le calme, de concert avec quelques autres députés.

Il retourna aux frontières avec le titre de général en chef de l'armée de Rhin-et-Moselle.

Le passage du Rhin venait d'être résolu, lorsqu'on le chargea de négocier avec Clairfayt * l'échange de Marie-Thérèse-Charlotte et des représentans prisonniers en Autriche, qui eut lieu quelque tems après.

En fructidor an III, suivant une pièce trouvée à Venise,

* C'est dans ces conférences que ces deux généraux se donnèrent des marques d'estime réciproque. Les tems où l'on menaçait d'écraser tous les tyrans et les despotes de la terre étaient passés, et l'on commençait à adopter un systême plus modéré. On ne regardait plus la fureur révolutionnaire comme l'amour de la patrie, et la rage de tout désorganiser comme un acheminement au bien public.

dans le porte-feuille de d'Entraigues, et rendue publique le 18 fructidor de l'an V, * Pichegru prêta l'oreille à des offres qui lui furent faites de la part du ci-devant prince de Condé; il en reçut, dit-on, une lettre : mais il rejeta le plan de trahison qu'il lui avait fait communiquer, et lui en proposa un plus sûr. L'ex-prince ne voulut point se départir de ses

* Suivant d'autres pièces, qui parurent aussi le 18 fructidor de l'an V, il avait alors renoué ses intelligences avec les amis du prétendant, qui lui firent toucher 900 louis à son départ de l'armée. Il faut avouer que c'est vendre pour bien peu de chose sa gloire et son pays.

idées, ni lui des siennes, et les conférences furent rompues.

Nous n'établirons aucune opinion sur cette pièce : c'est au tems à dévoiler la vérité, et à nous apprendre à quoi il faut s'en tenir sur toutes les conspirations qui ont été formées contre la république pendant le cours de la révolution. Mais si Pichegru fut réellement coupable, on pourrait alors s'écrier:

Comment en un plomb vil l'or pur s'est-il changé ?

Cependant l'armée de Sambre-et-Meuse passait le Rhin, s'emparait de Kayserswerd, de Dusseldorff, d'Altenkirchen, et battait partout l'ennemi. L'armée de Pichegru, qui devait soutenir ces mouvemens, éprouva des revers; et celle de Sambre-et-Meuse se trouva ainsi arrêtée dans ses progrès. Pichegru vint à Paris donner sa démission: elle fut acceptée. Mais le directoire le nomma ambassadeur en Suède: il refusa cette légation. *

* On dit que la Hollande lui faisait 25,000 f. de pension, en reconnaissance de la liberté qu'il lui avait rendue. Nous ne sommes pas certains de ce fait; mais ce que nous pouvons assurer, suivant les mémoires du C. Carnot, c'est que le directoire lui accorda le traitement de général de division.

Il se retira dans l'abbaye de Bellevaux, département de la Haute-Saône, où il vécut ignoré jusqu'aux élections de l'an V. Sa retraite fut regardée comme une calamité publique, et sa nomination au corps législatif comme un grand acte de justice et de reconnaissance envers une illustre victime de l'intrigue et de l'erreur.

Arrêté, dans la nuit du 17 au 18 fructidor, avec plusieurs de ses collègues, dans le lieu des séances de la commission des inspecteurs de la salle du conseil des cinq-cents, il essaya en vain de résister, et fut conduit au Temple. Dans la nuit du 22 au 23, conformément au décret du 19, il partit pour Rochefort, où on l'embarqua, lui seizième, pour la Guiane française, le premier vendémiaire an VI.

Vers le même tems, le général Moreau manda au directoire qu'ayant pris les équipages de l'émigré Kinglin, il y avait trouvé des lettres qui prouvaient la correspondance de Pichegru avec les ennemis de la république, à l'époque de sa démission. *

Nous n'entrerons point ici dans les détails de la journée du 18 fructidor; ** nous n'examinerons point quel fut le motif politique qui la conçut, la médita, et la fit exécuter. La France entière l'a

* Voyez l'Histoire du général Moreau, qui se vend chez le même libraire, où nous nous sommes expliqués sur cette correspondance.

** Le 16 fructidor, il parut une très-petite brochure intitulée : *Sortez de Paris, ou mourez de faim. Citoyens et soldats, lisez. Il y va de votre intérêt*, qui s'expliquait à l'égard de Pichegru de la manière suivante :

« Soldats, si Pichegru a cessé d'être fi-

jugée avec impartialité, et son jugement, d'après l'avis de tous les hommes prudens et sensés, est sans appel.

Après une traversée longue,

« dèle à la république qu'il a tant honorée;
« s'il a cessé d'être l'ami de ses frères d'ar-
« mes, punissez-le par l'oubli et par le mé-
« pris. Mais des hommes astucieux l'ont
« peut-être égaré : les hypocrites seront dé-
« masqués; ils se trahiront eux-mêmes, et
« peut-être vous verrez Pichegru reconnaître
« l'erreur qui l'égare. Est-il possible que le
« conquérant de la Hollande soit devenu le
« chef d'un troupeau d'esclaves, après avoir
« eu l'honneur de commander les héros de la
« liberté? Est-il possible qu'il soit passé dans
« les rangs des vaincus, quand il pourrait
« être encore un des premiers entre les vain-
« queurs? »

pénible et douloureuse, Pichegru arriva avec ses compagnons d'infortune à Cayenne, d'où on les transporta à Sinamary. Là, ce général se montra aussi grand qu'il l'avait été à la tête de nos armées. Plusieurs de ses collègues y périrent. Voyant qu'on aggravait sans cesse sur eux les mauvais traitemens, il forma la résolution, avec sept des autres déportés, de fuir ce climat pestilentiel. Un vaisseau anglais les transporta à Londres, où les anglais leur donnèrent des marques d'estime et de bienveillance.

Quelque tems après l'arrivée de Pichegru à Londres, les gazettes étrangères rapportèrent que le gouvernement anglais lui avait offert du service, et de le mettre à la tête d'une expédition contre la France ; mais qu'il s'y étoit refusé, en disant *qu'il ne porterait jamais les armes contre sa patrie.*

Si ce fait est vrai, que penser alors de tout cet échafaudage de dénonciations dirigées contre lui ? que penser alors des accusateurs ? La vérité, au milieu du tourbillon d'une révolution, est un point imperceptible qu'il est très-difficile de saisir : alors toutes les passions sont exaspérées, il ne faut attendre ni raisonnement, ni sagesse. Mais le tems, dans son cours précipité, mettra un jour fin à cette fluctuation d'opinions, et déchirera sans pitié le voile qui nous cache aujourd'hui ce que l'on ne fait que soupçonner.

HISTOIRE

DU

GÉNÉRAL PICHEGRU.

CHAPITRE PREMIER.

Pichegru, nommé général en chef de l'armée du Rhin. — Discipline rétablie dans cette armée. — Combat en-deçà de Haguenau. — Avantage remporté par nos troupes. — Prise de plusieurs redoutes. — Prise de Haguenau.

Pichegru, nommé général en chef de l'armée du Rhin, se rendit à son poste avec les représentans du peuple Saint-Just et Lebas, au commencement de brumaire an II. Cette armée, qui avait été plusieurs fois battue, était, pour ainsi dire, désorganisée ; la discipline y était nulle, la subordination et presque toutes les parties du service anéanties.

Le premier soin de Pichegru fut de rétablir la discipline parmi les troupes, d'en éloigner les militaires ignorans et mal intentionnés, et d'organiser toutes les branches d'administration. Après ces dispositions, il se prépara à attaquer l'ennemi.

Le 18 frimaire, la gauche et le centre de l'armée se mirent en mouvement, tandis que la droite se présenta devant l'ennemi pour occuper ses forces, et l'empêcher de renforcer son centre ou sa droite. Malgré l'ardeur de nos troupes, on ne put gagner que très-peu de terrein.

La division Jacob enleva deux drapeaux à l'ennemi. Les troupes bivaquèrent la nuit sur le champ de bataille, afin de recommencer à la pointe du jour les attaques. Le lendemain, elles eurent tout le succès qu'on devait en attendre : après une longue canonnade, nos troupes, ne consultant plus que leur ardeur et leur impétuosité, chargèrent à la bayonnette, et emportèrent les redoutes qui défendaient l'accès des hauteurs qu'occupait l'ennemi. Le feu terrible qui en sortait ne fit qu'augmenter leur ardeur : elles y répondaient par des cris de *vive la république*. On s'empara de plusieurs villages occupés par l'ennemi, qui fut mis en déroute sur tous les points. Sans la nuit qui survint, on aurait pu entrer dans Haguenau.

Les ennemis, pendant la nuit,

évacuèrent plusieurs postes à la droite: le général Desaix les fit occuper de suite par les troupes de sa division.

Le 2 nivôse, l'armée de la Moselle, dont toutes les opérations étaient concertées avec celles du Rhin, attaqua les hauteurs de Reishoffen, Freschevillers et Werdt, en avant de Hagueneau, où s'était retranché l'ennemi. Après un combat vif et sanglant, la tête de leurs retranchemens fut emportée.

Le résullat de cette journée fut la prise de seize pièces de canon, vingt caissons, 500 prisonniers. L'ennemi, en outre, eut un nombre considérable de tués et de blessés.

Cette victoire était d'autant plus importante, qu'elle nous ouvrait le chemin de Landau.

Le lendemain, l'ennemi évacua Bischwiller, Drusenheim et Haguenau, malgré les retranchemens et les ouvrages presque continus dont il avait couvert la ligne qui joint ces trois postes. Il avait surtout fortifié le dernier avec tant de soin, qu'il ne fallait pas moins que les dispositions prises à la gauche, et le courage de nos soldats pour pouvoir l'engager à se retirer. Nos troupes du centre, sans donner aucun relâche à l'ennemi, le poursuivirent fort en avant dans la forêt.

Notre droite, après avoir pris Offendorf, suivit l'ennemi jusque sous les murs du fort Vauban. Comme le centre, elle fit beaucoup de prisonniers, et s'empara de beaucoup de voitures chargées de bagages, linges, meubles, tonneaux et d'armes.

CHAPITRE II.

Prise des lignes de Weissembourg. — Landau débloqué.

Après la prise de Haguenau, les armées de Rhin et de la Moselle poursuivirent leur marche triomphante : la trahison avait livré les lignes de Weissembourg, la valeur les rendit à la république.

Dans la nuit du 5 au 6 nivôse, la droite de l'armée de la Moselle était campée. Marchant sur Lauterbourg, le centre sur les hauteurs d'Anspach ; la gauche de l'armée sur les hauteurs en-deçà de Rheimfeld ; la droite de l'armée de la Moselle touchant la gauche de celle du Rhin, et campée sur les hauteurs en face de Roth, où était campé l'ennemi.

Le 7, après un combat sanglant et opiniâtre, ces fameuses lignes de Weissembourg furent emportées. La ville de Lauterbourg fut attaquée en même tems, et se rendit au vainqueur. On prit, dans cette dernière place, 14 pièces d'artillerie, une grande quantité de munitions de guerre et des magasins. Le poste important d'Hagenbach, en avant de Lauterbourg, tomba aussi en notre pouvoir. Les autrichiens se retirèrent alors dans leur camp de Bilberotte.

Le lendemain, les autrichiens furent chassés de leur camp, et l'armée du Rhin marcha rapidement sur Landau, où elle entra le 8. Voici la lettre qu'écrivit le général Pichegru au ministre de la guerre, pour lui annoncer cette heureuse nouvelle :

Landau, 8 nivôse, à midi.

« Citoyen ministre, je m'empresse de t'annoncer * que Landau est débloqué; j'y suis depuis une heure : le général Hoche te donnera des détails. **

Signé Pichegru. »

Nous ne passerons point ici sous silence l'héroïsme des braves qui défendaient Landau : cette garnison, enclavée dans le pays occupé par l'ennemi, abandonnée presqu'à elle-

* Alors la mode et la loi étaient de se tutoyer.

** On remarque dans toutes les dépêches de Pichegru un laconisme et une modestie rares, au milieu des plus grands succès : il semble qu'il n'ait été que le témoin des mouvemens et des actions qu'il a dirigés, et il a toujours le soin de rejeter sur les autres la part de gloire qui lui est si justement due.

même depuis plus de quatre mois, ignorait ce que la valeur française méditait pour sa délivrance. Combien de constance elle dut avoir! de quel courage elle dut s'armer tous les jours pour résister à tous les genres de corruption! L'ennemi voulut, à force de sollicitations, l'engager à méconnaître le général, et à nommer un chef qui lui fût dévoué. On en jugera par la réponse de Laubadère et de la garnison à la lettre suivante des généraux prussiens et autrichiens:

Lettre du prince de Hohenlohe au général commandant de la ville et forteresse de Landau, en date de Walsheim, le 14 *décembre* 1793.

« MON GÉNÉRAL,

« Ayant servi la France, et ayant

été en garnison à Landau, j'ai toujours conservé un grand attachement pour cette ville : ce qui m'a fait envisager avec beaucoup de peine les malheurs auxquels vous vous exposez par une résistance plus longue et absolument inutile; car il n'y a pas un homme parmi vous qui ne sente l'impossibilité de conduire des canons et des troupes par des chemins impraticables depuis le mauvais tems, quand même il n'y aurait pas deux armées qui gardent, à une grande distance de nous, les défilés qui nous séparent. Je vous invite, en conséquence, mon général, à envoyer des personnes dignes de votre confiance pour traiter avec notre général, qui, loin de vouloir troubler ou détruire vos propriétés, ne cherche qu'à vous en assurer la jouissance paisible, et procurer le rétablissement de l'ordre, sans lequel il ne peut exister de bonheur et de véritable liberté. Vous savez comme moi, mon général, que l'époque à laquelle on fait une capitulation influe nécessairement sur les conditions que les habitans et la garnison peuvent espérer.

« Reconnaissez, je vous prie, mon général, à cette ouverture, la franchise et la loyauté d'un militaire qui ne sait point masquer la vérité, qui a fait ses premières armes dans votre patrie, dont il reçut des marques de considération et d'estime : il n'en a point perdu le souvenir, et il sera toujours aussi flatté qu'empressé de profiter de toutes les occasions de vous donner des preuves des sentimens que vous lui avez inspirés.

Signé le prince de HOHENLOHE. »

Voici quelques phrases de la réponse du général Laubadère :

« Puisque vous avez fait vos premières armes en France, et que vous avez été en garnison à Landau, vous devez avoir conservé du français et de cette place cette opinion qui justifie de reste notre longue résistance... Ne vous abusez pas sur le sort de la place de Landau, et croyez-en ma franchise et ma loyauté : soyez donc certain qu'aux ressources que vous avez dû lui trouver en votre tems, elle en ajoute d'autres qui fournissent à ses braves défenseurs de puissans moyens de lasser votre persévérante et inutile ambition... Cessez donc de me parler de capitulation et de traité, il n'en existe aucuns entre le devoir et le déshonneur...... »

Dans la lettre que le ministre de la guerre écrivit au comité de salut public, en lui envoyant la lettre du général Pichegru, il dit :

« Je vous envoie, citoyens, copie de la lettre de Pichegru : elle est datée du 8, de Landau, où il est entré le premier. Il commandait l'armée du Rhin le 6 lorsqu'elle a emporté Lauterbourg et les 16 pièces de canon. Il commandait la totalité à la journée dite de Werdt, le 2, et s'est transporté lui-même sur ce point-là. Toutes les opérations peuvent se regarder comme indivises ; l'une et l'autre armée ont des droits à la reconnaissance publique. Il est de mon devoir d'appeler votre attention sur la vertu et le républicanisme de Pichegru, parlant si peu de ce qu'il a fait, lorsqu'il a cependant fait beaucoup de bien. L'on n'a pas assez considéré la situation où il a pris le commandement de l'armée du Rhin, inférieure en nombre, détraquée en grande partie ; l'esprit public détendu, et dans un pays où la révolution avait bien des ennemis ; sa constance et son courage au milieu de ces embarras est une chose bien remarquable : il a fallu tout rétablir, défendre les gorges de Saverne : on a livré mille petits combats en attendant les renforts de la Moselle, qui ont permis d'en entreprendre de plus sérieux. »

L'armée de Rhin-et-Moselle, après avoir débloqué Landau, marcha sur Spire dont elle s'empara. On transporta tous les magasins qui s'y trouvèrent à Landau. Elle entra successivement à Germersheim, Leismersheim, Merckstal. Ces succès n'étaient que le prélude de plus grandes victoires : le 15 nivôse, les lignes de Kayserslautern furent emportées de vive force.

Le 29, l'ennemi, saisi de terreur, abandonna le fort Vauban au moment où l'on se préparait à le soumettre par la force. Le territoire de la république fut entièrement évacué sur les frontières de la Moselle et du Rhin.

Ce fut à cette époque que le général Pichegru quitta l'armée du Rhin, dont le commandement fut donné au général Michaud. L'espèce de rivalité qui régnait entre Hoche* et Pichegru fut le motif qui déter-

* Hoche était sergent d'infanterie au commencement de la révolution : il parvint de grade en grade jusqu'à celui de général en chef de l'armée de la Moselle. Après la campagne, il fut incarcéré, et aurait été infailliblement guillotiné, sans la journée du 9 thermidor qui brisa heureusement les fers de tant d'innocens et de citoyens qui avaient bien mérité de la patrie.

mina les représentans du peuple à opérer ce changement. Pichegru vint à Paris pour concerter, avec le comité de salut public, des mesures pour réorganiser l'armée du Nord, dont il fut nommé général en chef.

Nous allons le suivre sur un nouveau théâtre, où il montra de grands talens militaires, et développa cette nouvelle tactique qui mit en défaut celle des puissances coalisées. Jusqu'à ce moment il n'avait, pour ainsi dire, agi qu'en sous-ordres : à l'armée du Rhin ses triomphes furent partagés avec Hoche ; mais à l'armée du Nord, ce fut lui seul qui conduisit nos phalanges, de victoire en victoire jusque dans le cœur de la Hollande.

CHAPITRE III.

Pichegru, nommé général en chef des armées du Nord et de Sambre-et-Meuse. — Prise de Courtrai. — Bataille de Moeckern. — Prise de Menin. — Prise de Landrecie par les autrichiens.

A L'ÉPOQUE où Pichegru prit le commandement des armées du Nord et de Sambre-et-Meuse, la France était en proie à une anarchie dont aucun peuple n'avait donné l'exemple. L'armée du Nord avait toujours été battue, excepté à Honscote et au déblocus de Maubeuge. Elle était disséminée en petits corps cantonnés autour des places depuis Givet jusqu'à Dunkerque; elle était sans aucun ensemble, et avait, pour ainsi dire, été désorganisée par les proconsuls que le comité de salut public envoyait aux armées. Condé, Valenciennes, le Quesnoy, et d'autres places, étaient au pouvoir des coalisés; ils campaient sur le territoire français, et nous n'occupions pas un seul de leurs villages.

Les choses étaient dans cet état lorsque le général Pichegru arriva en même tems que le représentant du peuple Richard. Ils voulaient sincèrement l'un et l'autre faire triompher les armes de la république : ils s'appliquèrent donc à rétablir l'ordre. Bientôt les dénonciations furent moins fréquentes, et les destituions plus justes; les pilliers des clubs se tinrent à leur poste; quand ils l'abandonnèrent, leur assiduité à aller vociférer, au lieu d'être un motif pour mitiger les peines qu'ils avaient encourues, ne contribua qu'à les aggraver. L'instruction des jeunes gens de la première réquisition se fit avec plus d'exactitude ; en un mot, tout s'organisa sur un autre pied, et bientôt, au lieu d'un assemblage de motionneurs et de calomniateurs, on eut une armée.

Dans ce tems-là, le comité de salut public envoyait aux généraux l'ordre impératif et ridicule de vaincre : Pichegru en reçut un de cette espèce dans le moment où trois de nos meilleures forteresses de première ligne étaient au pouvoir de l'ennemi. Cet ordre devait lui tenir lieu d'instruction, car il n'en reçut pas d'autres ; il n'eut pas même de plan de campagne. Dans les conférences qu'il avait eues précédemment à Paris, on avait agité la question d'agir au centre, et d'inquiéter l'ennemi sur les flancs. Quoique cette marche présentât bien des obstacles, on la suivit d'abord ; mais on ne tarda pas à l'abandonner.

Au commencement de germinal an II, les troupes sortirent de leurs cantonnemens : elles se formèrent en petits camps disséminés, comme nous l'avons dit, sur toute la frontière. Ces campemens n'avaient d'autre but que d'accoutumer les soldats au mouvement et à l'activité : c'était en outre les moyens d'empêcher que l'ennemi ne pénétrât nos projets. Le général en chef rassembla ensuite un grand nombre de troupes autour de Cambrai et de Guise. Son dessein était d'attaquer l'ennemi dans son centre, entre le Cateau-Cambrésis et le Quesnoy, de le chasser de cette fameuse forêt de Mormale, et de faire ensuite le siège du Quesnoy.

L'ennemi, qui, probablement, avait eu vent de ce projet, porta la plus grande partie de ses forces sur ce point, et le choisit pour le centre de ses opérations. Aussi, le 29 germinal, il attaqua Landrecie, et en fit l'investissement, sans qu'on pût lui opposer une résistance assez puissante.

Nos troupes, constamment battues sur ce point, étaient tombées dans le découragement, et ne tenaient plus en présence de l'ennemi.

Pichegru sentit qu'en s'obstinant à agir sur un terrein tant de fois teint du sang de nos défenseurs, il devenait impossible de délivrer cette place : il changea de plan. Tout en faisant agir puissamment sur le centre, pour faire une très-forte diversion, et arracher l'ennemi du théâtre de ses victoires, il ordonna une invasion dans la Flandre.

La division du général Souham,* forte de 3,000 hommes, marcha sur Courtrai par tous les chemins qui sont à la droite de Menin; elle força tous les postes qu'elle rencontra sur son passage, et entra dans Courtrai, le 7 floréal, à six heures du soir; fit des prisonniers, et prit quelques canons.

Celle du général Moreau, évaluée à 20,000 hommes, dirigeant sa marche sur les deux rives de la Lys, se plaça de manière à former le blocus de Menin.

* Souham est né en 1761, dans le département de la Corrèze. Il est d'une taille gigantesque, ayant six pieds deux pouces. Sa force est proportionnée à sa taille, et sa bravoure est reconnue de toute l'armée. Il n'a jamais été battu. Les avantages que nous obtînmes à Moeckern, à Hooglède et à Pufflоch, furent presque tous dûs à sa division.

Par cette marche hardie et bien combinée, Courtrai se trouva pris, et Menin investi dans le même jour.

Cette manœuvre audacieuse et inattendue étonna tellement l'ennemi, qu'il rassembla les troupes qu'il avait autour de Tournay, fit venir une partie de sa réserve qui était entre Valenciennes et Saint-Amand, et voulut nous forcer à débloquer Menin. Il parvint même à repousser quelques postes de notre armée, qui couvraient les routes de Lille à Courtrai : ensuite il prit position à Moeckern, et sur les hauteurs de Castrel, et nous coupa presque toute communication de Courtrai à Lille. Alors Menin pouvait être délivré le lendemain.

Cependant on chauffait vigoureusement cette place; elle était sur le point de devenir la proie des flammes,

Un corps de nos tirailleurs, qui s'était retranché sous le cavalier près de la porte d'Ypres, faisait un feu continuel; notre artillerie et celle de la place en faisaient un de roulement; les obus, les bombes et les boulets pleuvaient sur cette malheureuse ville : mais pour l'emporter il fallait battre l'armée ennemie.

Pichegru, qui savait que le soldat français était meilleur pour l'attaque que pour la défense, prévint le général Clairfayt en l'attaquant. Le premier choc fut vigoureux : l'ennemi fut contraint de se retirer sur les hauteurs de Castrel. Mais, pour s'assurer de la victoire, il fallait le chasser de ces hauteurs, et le forcer de se retirer sur Tournay; l'attaque présentait de grands obstacles; il était nécessaire de franchir ces hauteurs par cinq défilés très-étroits, défendus par une artillerie formidable. Après un combat opiniâtre et sanglant on y parvint : Clairfayt fut obligé de céder ; les autrichiens et les hanovriens furent mis dans une déroute complète : 1,200 prisonniers, 80 officiers, 33 canons, 4 drapeaux et 500 fusils furent le prix de cette première victoire.

Après cet échec, l'ennemi ne pouvant plus secourir Menin, cette place se rendit à nos troupes. Le 11 floréal, jour de la reddition de Menin, Landrecie tomba au pouvoir des autrichiens, sans leur avoir opposé la résistance qu'on devait en attendre.

Nos premiers avantages firent sentir à Pichegru que tant qu'on s'obstinerait à agir sur le centre, on ne pouvait pas espérer de succès : il se détermina donc à n'agir vigoureusement que sur les ailes, et ne tenta pas même de reprendre Landrecie. Il ne laissa dans les places du centre que les garnisons suffisantes pour les mettre à l'abri d'un coup de main ; il fit venir les 20,000 hommes qui avaient été battus près de Cambrai, et les fit camper à Sanghien, pour les rapprocher du corps victorieux qui était à Courtrai. Toutes les autres troupes marchèrent sur la Sambre pour agir avec l'armée des Ardennes contre le flanc gauche des ennemis. Ces troupes, commandées, savoir, celles de l'armée du Nord par le général Desjardins, et celle des Ardennes par le général Charbonnier, agirent ensemble, s'emparèrent de Beaumont, et firent quelques incursions sur le territoire d'entre Sambre et Meuse.

CHAPITRE IV.

Combat de Courtrai.

CLAIRFAYT, qui avait reçu de nouveaux renforts, forma l'entreprise de nous chasser de Courtrai, et vint nous y attaquer par la gauche de la Lys. Nos troupes, qui étaient restées à Courtrai, firent une résistance assez vive pour arrêter Clairfayt dans son projet; mais comme il aurait pu se faire qu'elles eussent été trop faibles pour lui résister longtems, une de nos divisions, qui était allée à la découverte, reçut l'ordre de venir renforcer la garnison de cette ville, et de le mettre à même d'attaquer l'ennemi. Cette contre-marche se fit sans bruit : et, à quatre heures du matin, tout fut au même état que la veille. L'ordre fut alors donné d'attaquer l'armée de Clairfayt.

Les généraux Macdonal * et Malbrank reçurent l'ordre d'aller passer la Lys à Menin, et de prendre l'ennemi à dos pendant la sortie qu'on ferait de Courtrai. Cette opération, parfaitement combinée, ne put avoir

* Macdonal est d'une famille très-connue en Ecosse. Il servit d'abord en Hollande, et s'établit ensuite en France. Il fit la campagne en qualité de général de brigade dans la première division. Il passa ensuite en Italie comme général de division; se battit contre Suwarow, et fit une retraite mémorable, qui sauva une partie de l'armée de Naples et d'Italie. Il fut employé à l'armée du Rhin : partout il montra une bravoure étonnante, et des talens militaires peu communs.

son exécution, les troupes de ces deux généraux, fatiguées des marches de la veille, n'ayant pu se rendre à tems.

L'ennemi avait établi sept batteries depuis la chaussée de Bruges jusqu'à celle de Menin, dont deux couvraient de mitraille les deux défilés, les seuls par lesquels nous pouvions opérer une sortie. Leurs tirailleurs étaient postés dans les maisons des deux faubourgs, dans les bleds et les colzas, jusque sous les moulins qui nous servaient de cavaliers : leurs bataillons et leurs escadrons, qui formaient le cordon de l'arc, avaient de superbes positions dans la plaine. La multiplicité de tant d'obstacles n'effraya point nos jeunes militaires : * ils parvinrent à se développer, et se

* Presque tous réquisitionnaires.

battirent avec tant d'acharnement, que Clairfayt, désespérant de pouvoir leur résister, profita de l'obscurité de la nuit, augmentée par un brouillard très-épais, pour se retirer à Thielt : sa retraite fut même si précipitée, qu'il laissa ses morts et ses blessés sur le champ de bataille. Notre perte, dans cette sanglante sortie, fut presqu'égale à celle de l'ennemi.

CHAPITRE V.

Prises de Thuin, Fontaine-l'Evêque et Binch. — Défaite de l'armée anglaise à Lannoy, Turcoing, etc. — Retraite de Clairfayt à Thielt. — Combat sanglant à Pont-Achin.

PENDANT que l'on triomphait à Courtrai, l'aile droite de l'armée du Nord, réunie à celle des Ardennes, passait la Sambre, et s'emparait de Fontaine-l'Evêque et Binch : mais des renforts arrivés du centre aux armées autrichiennes nous forcèrent à rétrograder. Notre armée agissait sans accord. Deux proconsuls envoyés par le comité de salut public, l'écolier Saint-Just et Lebas, avaient terrifié cette armée plus que les cohortes ennemies. Ces deux envoyés croyaient que pour vaincre il suffisait de mettre le soldat entre la mort et la victoire : ils lui firent impérativement passer et repasser plusieurs fois la Sambre, sans avoir calculé les moyens de se maintenir de l'autre côté, ce qui donna lieu à plusieurs combats très-sanglans, qui firent perdre une quantité prodigieuse de braves soldats, et qui n'eurent aucune influence sur le succès de la campagne.

Après l'avantage obtenu à Courtrai, Pichegru remit, pour quelques jours, le commandement de toute l'aile gauche au général Souham, et se rendit à l'aile droite pour l'organiser, la faire agir avec méthode, et accélérer ses opérations. Il prit même des mesures pour lui faire repasser la Meuse, et attaquer Charleroi : mais, voyant que les deux proconsuls ne voulaient faire la guerre qu'à force de bras, sans tactique ni méthode, il revint promptement donner ses soins à l'aile gauche.

L'empereur, trompé par les succès de la campagne précédente, ne rêvant que triomphes et victoires, s'était rendu en personne sur la frontière avec le général Cobourg et 20,000 hommes qui se joignirent à l'armée anglaise et hanovrienne, sous les ordres du duc d'York. Ils formèrent alors le téméraire projet de bloquer la portion d'armée qui était à Courtrai. Cette entreprise était concertée avec Clairfayt.

Le 28 floréal, le duc d'York partit de Tournay avec une armée de 45,000 hommes, attaqua le camp de Sanghien, et s'empara de Lannoy, Turcoing, Roubaix, Mouveau; en un mot, de tous les postes qui étaient à la droite de la grande route de Lille à Courtrai.

Clairfayt, s'avancant avec un corps de 25,000 hommes, égorgea les postes qui gardaient la Lys, passa cette rivière à Warwick et Comines, et vint prendre position sur les hauteurs de Blalou et de Lincelles. Il était sur le point d'opérer sa jonction avec le duc d'York, et d'occuper la grande route de Lille à Courtrai, lorsque les ordres de le prendre sur le tems, et d'attaquer le lendemain à la pointe du jour parvinrent aux troupes qui s'étaient retirées autour de Lille.

Le lendemain, à quatre heures du matin, le général en chef fit diriger la principale attaque contre l'armée anglaise et hanovrienne; elle fut des plus vigoureuse, et la résistance fut aussi très-opiniâtre. Le combat dura presque toute la journée, et la victoire fut long-tems indécise : mais qui peut résister à l'audace et à la bravoure de nos soldats ? L'ennemi fut enfoncé, et mis en déroute complète : il s'enfuit à Tournay, laissant sur le champ de bataille une quantité prodigieuse de morts et de blessés. Le duc d'York, qui avait établi son quartier-général à Roubaix, ne dut son salut qu'à la légèreté de ses chevaux.

Cette journée nous valut 1,500 prisonniers, un grand nombre de chevaux de selle et d'artillerie, beaucoup de bagages, de caissons, 2 drapeaux et 2 étendards.

Le corps commandé par Clairfayt fut attaqué par la division de Moreau : elle eut un moment de désavantage ; mais elle reprit bientôt courage : déjà on ne projetait rien moins que de bloquer Clairfayt sur la rive gauche de la Lys, et de le forcer, s'il y passait la nuit, ou de se rendre, ou de passer cette rivière à la nage; mais Clairfayt, ayant appris la défaite du duc d'York, profita des ténèbres de la nuit pour passer la rivière, et fit sur Thielt une si belle retraite, que le lendemain on ne découvrit aucun vestige de son armée.

Le 3 prairial, l'armée se mit en mouvement, et se porta sur la rive gauche de l'Escaut. Il s'engagea sur plusieurs points, mais surtout près de Pont-Achin, les combats les plus vifs et les plus meurtriers de la campagne : on se battit toute la journée avec une opiniâtreté et un acharnement inouis, sans aucun avantage de part ni d'autre; enfin, nos troupes rentrèrent la nuit dans leurs positions de la veille. La perte fut très-considérable des deux côtés, et cette sanglante journée n'aboutit qu'à brûler sur l'Escaut quelques bélandres chargées de fourrages. Cette perte ne doit point être attribuée à Pichegru, mais au courage emporté de nos soldats qui les entraîna plus loin qu'on ne leur avait ordonné.

CHAPITRE VI.

Retraite de l'empereur à Vienne. — Investissement d'Ypres. — Bataille d'Hooglède. — Capitulation d'Ypres.

L'ARMÉE de Sambre-et-Meuse, après avoir passé et repassé plusieurs fois la Sambre, prit enfin ses positions au-delà de cette rivière, forma le blocus de Charleroi, et commença, le 11 prairial, à y envoyer des bombes. L'ennemi ayant reçu de nouveaux renforts, la força encore de repasser la Sambre, et de lever le siège de Charleroi, dont une partie était déjà en feu.

Après la sanglante journée du 3

prairial, l'empereur, témoin de la mauvaise tournure que prenaient ses affaires, voyant que le seul pays que les français pussent lui envahir allait tomber dans leurs mains, quitta brusquement Tournay, partit pour Bruxelles, et reprit promptement la route de Vienne.

L'aile gauche de l'armée du Nord prit quelques jours de repos dans ses positions de Courtrai et de Sanghien. Le général Pichegru avait d'abord formé le projet de faire quelques entreprises sur Tournay, et d'attaquer Clairfayt à Thielt; mais les obstacles qui se présentaient dans l'exécution de ces deux projets le déterminèrent à faire faire des retranchemens à la ville de Courtrai pour la mettre à l'abri d'un coup de main, à abandonner toute entreprise sur Tournay, et à faire une fausse attaque sur Ypres. Son but était d'attirer Clairfayt qui, naturellement, devait venir au secours de cette place. S'il parvenait à battre le général autrichien, le siège d'Ypres devenait bien moins difficile.

Le 13 prairial, Pichegru donna ses ordres : nos troupes arrivèrent devant Ypres, du côté d'Elverdingue et de Villecate. On établit quelques batteries de mortiers et d'obusiers, qui commencèrent à tirer sur la ville deux jours après, et causèrent quelques incendies. Clairfayt qui, probablement, pénétra ce projet, ne vint pas comme on l'avait espéré. On se détermina alors sérieusement à faire le siège de cette place, qui assurait la position de notre armée dans la Flandre ; c'était d'ailleurs le seul moyen d'attirer Clairfayt et de le battre.

Le 17, Ypres fut cerné. L'armée

d'Observation vint camper entre Paschendal et Longue Marck. Le commandement en fut confié au général Souham, et le général Moreau eut celui de l'armée de siège.

L'attaque régulière de cette place attira l'attention de Clairfayt, qui abandonna bientôt ses positions, pour s'avancer jusqu'à Rousselaer et Hooglède. Il n'attendait que des renforts pour nous attaquer. Pichegru, qui avait toujours pour principe de ne jamais se laisser attaquer, donna l'ordre de prévenir l'ennemi. L'armée d'Observation se mit en marche le 22. Deux de nos colonnes, parties de Courtrai, s'étant trompées de chemin, retardèrent l'attaque. Malgré ce contre-tems, l'ennemi fut repoussé et obligé de se retirer en désordre sur Thielt. On fit un grand nombre de prisonniers, et l'on resta maître du champ de bataille ; on s'empara même des positions que l'ennemi avait prises à Rousselaer et à Hooglède.

Cependant Clairfayt, s'étant considérablement renforcé par les troupes venues de Tournay, nous attaqua, le 25, sur tous les points, depuis Rousselaer jusqu'à Hooglède. Son premier choc culbuta et mit en déroute notre aile droite, qui lui abandonna Rousselaer. Mais la division du général Souham, et surtout la brigade de Macdonal, qui occupait la plaine d'Hooglède, lui firent bientôt perdre cet avantage. Cette brigade, n'étant plus appuyée sur la droite, fut attaquée de front et de flanc; elle était dans une si mauvaise position, que tout autre que Macdonal aurait fait battre la retraite. Ce brave écossais soutint le premier choc avec une opiniâtreté extraordinaire; il fut bientôt renforcé par la brigade du général Devinther, * et ces deux colonnes se battirent avec tant d'acharnement, que l'ennemi fut obligé de plier. On ne fit pas ce jour-là des prisonniers, mais on tua une grande quantité d'ennemis. Clairfayt abandonna Rousselaer, et se retira dans ses positions ordinaires de Thielt.

La garnison d'Ypres, ayant appris la défaite de Clairfayt, capitula le 29 prairial : quoique forte de

* Le général Devinther, hollandais, réfugié en France depuis la révolution de 1787, était marin avant la révolution batave. Avec de l'étude, il a acquis des talens et des connaissances militaires; mais il faut qu'il en ait davantage pour la guerre maritime, puisqu'il fut nommé amiral des flottes bataves, et qu'il occupe encore aujourd'hui ce poste éminent. Néanmoins il rendit de grands services à la France, en qualité de général de brigade.

7,000 hommes, elle accepta toutes les conditions qu'on lui proposa. Elle laissa tout ce qui était dans la place, déposa les armes sur le glacis, et fut faite prisonnière de guerre.

Cette bataille, une des plus sanglantes de la campagne, nous rendait ainsi maîtres d'Ypres, et de toute la West-Flandre. Depuis ce moment, l'ennemi ne put nous résister sur aucun point de sa ligne.

Après l'affaire d'Hooglède, la prise d'Ypres, toute la West-Flandres devait naturellement tomber au pouvoir des français : on regarda si bien cette partie de la Belgique comme conquise, que l'armée du Nord vint prendre position derrière Walchem et la Mendel. L'ennemi, instruit de notre marche, se retira sur Gand; nos reconnaissances le poursuivirent jusqu'aux portes de cette ville, et lui firent beaucoup de prisonniers hanovriens. On aurait pu s'emparer de cette place ; mais elle aurait exigé une trop forte garnison ; elle ne pouvait d'ailleurs, influer sur le succès de la campagne.

CHAPITRE VII.

Entrée des français à Bruges, Ostende et Gand. — Prise d'Oudenarde et de Tournai. — Prise de Charleroi. — Bataille de Fleurus.

PICHEGRU avait formé le projet de passer l'Escaut près d'Oudenarde : en l'exécutant, il séparait Clairfayt de l'armée anglaise, l'empêchait de se retirer sur Bruxelles, et pouvait le battre séparément. Il se serait ensuite porté sur les derrières de l'armée ennemie qui agissait sur la Sambre ; il l'aurait ou détruite, ou mise dans l'impossibilité d'agir, et il eût très - certainement fait sa jonction avec le général Jourdan qui commandait l'armée de Sambre-et-Meuse,

Ce projet, presque immanquable, n'eut pas lieu : Pichegru fut obligé de suivre celui du comité de salut public, quoiqu'il fût loin de présenter les mêmes avantages.

Conformément aux ordres émanés de ce comité, l'armée du Nord remonta le 12 messidor à Deinse, et arriva le 13 à Bruges, dont la division du général Moreau s'était emparée le 11. Ostende se trouvant dégarni de troupes, on y envoya une reconnaissance. La petite garnison qui y était demeurée eut une si grande frayeur à l'aspect de ce peu de troupes, que, sans tirer un seul coup de canon, elle s'embarqua, et nous laissa prendre possession de la ville.

Pichegru, n'ayant plus d'armée à combattre dans la West-Flandres, Nieuport et les autres places fortes furent abandonnées à leurs propres forces : il laissa deux divisions de l'armée pour garder la côte, et faire le siège de Nieuport, de l'Ecluse, etc., le centre et l'aile droite suffisant pour poursuivre et battre l'ennemi.

Le 15 messidor, l'armée partit de Bruges pour se rendre à Gand. Le lendemain, elle traversa cette ville. L'ennemi venait de l'évacuer. Oudenarde se rendit, Tournai fut évacué. Ce ne fut point en faisant le siège de ces places qu'on en fit la conquête; c'est en battant l'ennemi en plein champ, et par une suite de mouvemens bien concertés et de bonnes combinaisons : ce qui doit convaincre que l'ancienne tactique, qui commençait par les sièges, et faisait tuer tant de monde dans les tranchées, n'est pas la meilleure. Une place bien fortifiée est imprenable tant qu'elle est défendue par une bonne armée; mais il n'est pas de forteresses qui puissent tenir quand les troupes qui doivent les défendre sont bien battues. Pichegru n'assiégea jamais que les places qui lui étaient absolument nécessaires pour assurer la position de son armée; et avec cette méthode, il en a plus envahi qu'aucun des guerriers qui l'ont précédé.

Malgré le décret qui défendait de faire des prisonniers anglais, et celui qui ordonnait de passer au fil de l'épée les garnisons qui gardaient Condé, Valenciennes, le Quesnoi, Pichegru suivit les lois de la guerre, qui proscrivent ces mesures de férocité : malheur aux nations qui les méconnaissent ! La guerre n'est point une lutte d'homme à homme, mais bien de gouvernement à gouvernement : tant qu'un soldat est armé, il est l'ennemi du soldat de l'autre parti ; mais quand il rend les armes, il est homme, et celui qui le prend lui doit les égards que prescrivent les lois de l'humanité.

Parmi plusieurs traits qui prouvent que les gouvernans ne sont pas toujours les maîtres de rendre féroces les gouvernés, en voici un qui mérite d'être rapporté : *

Une découverte partie de Wakem, et poussée jusqu'aux portes de Gand, fit prisonnière une assez grande quantité d'hanovriens ; un détachement de nos troupes les conduisit jusqu'à Vilbeke, au quartier-général de Sou-

* Presque toute l'armée française suivit l'exemple de son chef, et eut en horreur ces lois cruelles et sanglantes, qui n'avaient pu être puisées que dans le code de Dracon.

ham. Un officier de l'état-major, qui se trouvait dans la cour du château, dit au sergent : « Camarade, vous « allez bien nous embarrasser, et je « voudrais que vous les eussiez lais- « sés là où ils étaient. Mon général, « répliqua le sergent, c'est tant de « coups de fusils de moins à recevoir, « et nous ne sommes ici que pour af- « faiblir l'ennemi. Vous avez raison, « lui dit l'officier; mais il existe une « loi bien cruelle contre eux, et « bien embarrassante pour nous. « Nous la connaissons, reprit fière- « ment ce brave militaire; mais « sans doute que la convention n'a « pas prétendu que des soldats fran- « çais fissent le métier de bourreau. « Au reste, nous vous les amenons, « envoyez-les aux représentans du « peuple : s'ils sont barbares, qu'ils

« les tuent et les mangent, peu nous « importe. »

Le commandant du Quesnoi nous donna une bonne leçon, quand on le somma de se rendre en vertu de cette loi : « Une nation, reprit froi- « dement ce brave militaire, n'a pas « le droit de décréter le déshon- « neur d'une autre nation. »

L'ennemi, battu sur tous les points de la gauche, et affaibli au centre, éprouva des échecs sur la droite. Charleroi, dont le siège avait été repris le 30 prairial, fut obligé de capituler le 7 messidor suivant. Ce qu'il y eût de singulier dans cette capitulation, c'est qu'elle se fit sans que les généraux ennemis en fussent avertis; et ce fut l'ignorance de ce fait qui donna lieu à la bataille de Fleurus. Le 18, de grand matin, l'ennemi se mit en marche pour attaquer, et pour délivrer Charleroi qu'il croyait encore en son pouvoir : il fut repoussé sur presque tous les points de la ligne par le général Jourdan. Il allait revenir à la charge, mais, ayant appris que Charleroi était en notre pouvoir, il se retira en bon ordre sur Marbaix, et de là sur Nivelle.

Le 13, Jourdan attaqua l'ennemi au Mont-Palisse, le chassa de ce poste, et s'empara de Mons. L'ennemi évacua Saint-Amand, Marchiennes, Cateau et les autres postes qu'il occupait encore. Alors Condé, Valenciennes, le Quesnoi et Landrecie furent abandonnés à leurs propres forces. Pichegru, profitant de la circonstance, fit investir ces quatre forteresses...... On s'approcha du Quesnoi et de Landrecie ; on en commença le siège, et le camp de Maubeuge acheva l'investissement de Valenciennes et de Condé. Ce fut le général Schérer qui commanda toute cette armée de siège.

CHAPITRE VIII.

Jonction de l'armée du Nord avec celle de Sambre-et-Meuse. — Passage du canal de Malines. — Prises de Louvain, Malines et Namur. — Reddition de Landrecie. — Siège du Quesnoy.

Le 21 messidor, l'armée du Nord partit de Gand, et vint camper derrière Alost. Le même jour, des détachemens de l'avant-garde entrèrent à Bruxelles, quoique l'ennemi n'eût pas entièrement évacué cette ville. Le lendemain, elle campa à Asche, et le 23, elle prit position derrière le canal de Vilvorde : ce jour-là, l'armée de Sambre-et-Meuse envoya garnison à Bruxelles, et opéra sa jonction avec l'armée du Nord. Ces deux armées, après avoir éprouvé fatigues sur fatigues, surmonté mille obstacles, et affronté tous les dangers, se trouvèrent réunies sur le même point. Pichegru, quoique général en chef de ces deux armées, ne put faire agir l'armée de Sambre-et-Meuse suivant son plan; ce furent les proconsuls qui la dirigèrent au gré de leurs caprices.

Le 25, l'armée du Nord se porta sur Malines : elle passa le canal de Vilvorde, et prit position en avant de cette ville jusqu'à Hunsbeke.

Deux jours après, elle attaqua, les armées hollandaise et anglaise, qui étaient retranchées derrière le canal de Louvain à Malines, et occupaient cette dernière place et le terrein qui est entre ce canal et la Dyle. L'attaque fut très-vive : mais l'audace de nos soldats étonna l'ennemi, et le déconcerta : la plupart, impatiens de la longueur des préparatifs qu'on faisait pour le passage du canal, sans attendre la confection du pont, passèrent à la nage, et repoussèrent l'ennemi. L'armée les suivit dès que le pont fut établi, et on arriva à Malines par la porte de Louvain. Cette porte était encombrée par un tas énorme de fumier : nos soldats, avec des échelles, escaladèrent les remparts, déblayèrent la porte, et on y entra au même instant que l'ennemi évacuait la ville par la chaussée d'Anvers. On prit quelques canons et quelques prisonniers.

Le même jour, notre avant-garde poursuivit l'ennemi jusqu'à la Nèthe, le repoussa et le força de se retirer derrière cette rivière.

L'aile gauche de l'armée de Sambre-et-Meuse, qui avait marché sur Louvain et Judoigne, s'en empara le 27, et l'aile droite, s'étant portée sur Namur, força l'ennemi de l'évacuer, ainsi que la citadelle, et s'en mit en possession le 28.

L'ennemi ne pouvant plus porter de secours aux places qu'il avait envahies la campagne précédente, Landrecie se rendit, et le général Schérer ordonna le siège du Quesnoi.

Ce fut sur ces entrefaites que le décret qui défendait d'accorder capitulation aux garnisons de ces quatre places, parvint à Pichegru. Ce général, qui improuvait toutes les lois qui sortaient des principes, résolut, pour ménager la délicatesse des assiégés, et leur sauver en même tems la vie, s'il était possible, de ne le leur signifier que quand les travaux seraient assez avancés pour leur en imposer. Mais les représentans qui étaient à cette armée, aussi ineptes que méchans, voulurent que la sommation fût faite avant même qu'on eût les pièces de siège, et ils le voulurent d'une volonté de proconsul. Le brave commandant du Quesnoi fit cette belle réponse que nous avons rapportée, et donna une leçon inutile à ces proconsuls qui ne respectaient pas plus l'honneur du soldat que la vie.

CHAPITRE IX.

Prises d'Anvers, de Tongers, de Liège, de Nieuport. — Siège de l'Ecluse. — Reddition du Quesnoi.

Le 5 thermidor, l'armée du Nord marcha sur Anvers, et s'en emparait. Le lendemain, les anglais, sans attendre notre arrivée, avaient évacué la ville et la citadelle. Pendant ce tems-là, l'armée de Sambre-et-Meuse s'emparait de Tongres et de Liège. Les habitans de cette dernière ville, s'étant armés contre les autrichiens, nous secondèrent favorablement : mais on n'eut pas la même facilité à occuper le pont sur la Meuse, parce que l'armée ennemie, s'étant retranchée sur les hauteurs de la Chartreuse, le défendait avec opiniâtreté, et bombardait même quelques quartiers de la ville.

Pour ne pas trop s'éloigner du centre, qui était occupé aux sièges des quatre forteresses, les deux armées séjournèrent jusqu'aux premiers jours de fructidor, la droite appuyée sur Liège, la gauche sur Anvers. Dans tout cet intervalle, les armées ennemies gardèrent les mêmes positions sans faire aucunes tentatives.

Les autrichiens gardaient la Meuse depuis Ruremonde jusqu'à Mastricht, et couvraient cette place avec une petite avant-garde.

Les anglais et les hollandais, qui s'étaient retirés derrière Breda, campaient à Osterwick et aux environs, et avaient encore un corps à Ludhoven pour couvrir la communication de ces armées.

La ville de Nieuport se rendit, le 30 messidor, au général Moreau. La capitulation que ce sage général accorda à la garnison, lui eût sans doute coûté la vie si la tyrannie des décemvirs n'eût été renversée : les assiégés étaient presque tous hanovriens, et le décret barbare qui ordonnait de les massacrer faisait encore partie de notre code révolutionnaire.

Le représentant Richard, Pichegru, Moreau et la plupart des généraux de l'armée du Nord aimèrent mieux exposer leur vie que de dévier un seul instant des lois de la guerre. Ils étaient aussi tous destinés à l'échafaud, et Robespierre les dénonça tous à la tribune le 8 thermidor. Mais le grand jour du 9 vint porter le calme dans le cœur de tous les citoyens et de tous les vrais militaires.

La division de Moreau entreprit ensuite le siège de l'Ecluse : pour en completter l'investissement, il fallait faire passer des troupes dans l'île de Cazand. Cette opération offrait des obstacles insurmontables, et il fallait être français pour n'en être pas effrayé : on ne pouvait arriver dans cette île que par une digue étroite, inondée de tous les côtés, et défendue par une batterie de 14 canons, ou en établissant un pont sur l'ancien détroit de Coschische.

Moreau n'avait point de pontons pour exécuter ce passage, toutes ses ressources consistaient dans un petit nombre de batelets, avec lesquels il était impossible de jeter un pont. L'audace des soldats suppléa au dénnement des moyens ; les uns passèrent à la nage, d'autres dans de petits bateaux : enfin, ils parvinrent à aborder, repoussèrent l'ennemi, et le mirent en fuite, malgré la supériorité du nombre, et ses foudroyantes batteries. On prit dans cette île 90 canons, une très-grande quantité de munitions et de provisions, et on fit 200 prisonniers.

Pendant que Moreau donnait des preuves si éclatantes de courage et d'habileté, la tête de son père tombait sous le fer révolutionnaire. Mais écartons ces souvenirs douloureux !...

Le 28 thermidor, la place du Quesnoi se rendit après la plus belle défense. L'officier autrichien qui commandait cette place, répondit à la sommation qu'il ne rendait la place que pour sauver la vie à la garnison; qu'il demandait grace pour elle, et faisait sans regret le sacrifice de sa propre vie.

CHAPITRE X.

Prise de l'Ecluse. — Reddition de Condé et de Valenciennes.

Nos deux armées marchaient de triomphe en triomphe : ils eussent encore été plus rapides, sans la faute des administrations des vivres, qui se disaient indépendantes des généraux, soutenues par l'autorité des proconsuls auprès de ces armées.

Il y avait du danger à s'avancer dans les vastes bruyères du Brabant hollandais, parce que l'éloignement d'Anvers aurait rendu plus difficile encore les transports des vivres. Toutes ces considérations déterminèrent Pichegru à laisser séjourner l'armée pendant dix jours dans ses positions près d'Anvers.

Dans cet intervalle, ces administrations firent quelques établissemens en plusieurs endroits, qui diminuèrent les obstacles sans les faire entièrement disparaître. Malgré toutes ces difficultés, Pichegru entreprit de faire exécuter un nouveau plan qui avait une très-grande latitude, car il secondait les mouvemens de l'armée du Rhin dans le Palatinat, et ceux de l'armée de Sambre-et-Meuse sur les deux rives de la Meuse.

En exécution de ce plan, l'armée du Nord partit des environs d'Anvers le 3 fructidor, marcha jusqu'à Westmale, et le lendemain jusqu'à Mole. Il ne fallut pas avancer davantage pour s'apercevoir de la mauvaise administration des vivres, et de la difficulté des transports, car le pain manqua absolument.

Le passage de l'Ourthe offrant

des difficultés insurmontables à l'armée de Sambre-et-Meuse, ce projet fut abandonné, et le plan changé.

On se rapprocha alors de l'armée anglaise pour l'attaquer à la première occasion, sans trop cependant s'éloigner d'Anvers, jusqu'à ce que le désordre qui régnait dans le transport des subsistances eût un peu cessé.

En conséquence de cette nouvelle détermination, l'armée du Nord vint, le 7 fructidor, prendre des positions près de Turnhout, et le 11 près d'Hoosgtraten, derrière la petite rivière de Merck. Le duc d'York, averti de notre marche, se retira sur Bois-le-Duc, et laissa Bréda abandonnée aux seules forces de sa garnison. L'armée hollandaise demeura à Ramdouk.

On aurait pu entreprendre le siège

de Bréda ; mais le défaut des équipages de siège qui étaient encore devant l'Ecluse, l'infériorité de notre armée d'Observation, et les avantages que l'armée autrichienne pouvait avoir sur celle de Sambre-et-Meuse, déterminèrent Pichegru à poursuivre l'armée anglaise pour la battre, la forcer de se retirer derrière la Meuse, et empêcher sa jonction avec l'armée autrichienne. Il donna en même tems ordre à l'armée de Sambre-et-Meuse de passer la Meuse, et d'attaquer l'aile gauche des autrichiens. Cette mesure, absolument nécessaire pour assurer ses opérations sur l'armée anglaise, réussit parfaitement.

La forteresse de l'Ecluse fut forcée de se rendre à la courageuse opiniâtreté de nos troupes, malgré les inondations et les marées qui étaient montées plus haut cette année que les précédentes.

Les places de Valenciennes et de Condé, dont les sièges auraient exigé, dans le commencement, une armée de 200,000 hommes, capitulèrent les 9 et 10 fructidor; ce qui prouve, comme nous avons déjà eu occasion de le remarquer, que les places ne peuvent tenir que lorsqu'elles ont des armées pour les défendre au-dehors.

Les troupes qui avaient fait ces différens sièges rentrèrent dans les armées actives, et rendirent leur position plus imposante.

CHAPITRE XI.

Marche de l'armée du Nord à la poursuite des anglais. — Combat de Boxtel. — Prise du fort Crevecœur. — Capitulation de Bois-le-Duc. — Prises de Juliers, Bonn et Cologne.

Le projet de poursuivre les anglais étant adopté, l'armée du Nord prit position près de Meer pour inquiéter le duc d'York, et lui faire prendre le change; on envoya beaucoup de cavalerie sur les derrières de Bréda. Après plusieurs marches, elle prit position sur la Dommel; elle rencontra à Boxtel l'avant-garde ennemie forte de 7,000 hommes. Ce poste était naturellement retranché par la

Dommel et par un ruisseau très-encaissé : il fallait d'abord passer le ruisseau, et ensuite la rivière pour faire l'attaque ; mais tous les ponts étaient rompus. Cet obstacle retarda l'action de quelques heures. L'ennemi, étonné de l'audace des français qui traversaient la rivière, les uns à la nage, les autres sur des madriers, rendit les armes.

C'est dans cette occasion que l'on vit 30 hussards du huitième régiment faire poser les armes à deux bataillons, et un tambour, qui avait à peine 18 ans, amener 12 prisonniers. *

* On criera sans doute à l'exagération : cependant il n'y a rien là de surprenant : un homme seul, accompagné d'une armée victorieuse, peut faire des prodiges ; nos armées en fournissent un grand nombre d'exemples.

Cet échec força le duc d'York à se retirer derrière la Meuse : pour couvrir sa retraite, il fit marcher, le lendemain, neuf régimens et beaucoup de cavalerie, qui devaient faire mine de nous attaquer à Boxtel : mais une forte découverte, envoyée du côté de son camp, les rencontra et les battit sans que l'armée en fût avertie.

Le résultat de ces deux rencontres nous valut 2,000 prisonniers et une très-grande quantité de chevaux. L'ennemi, dans l'impossibilité de tenir sur la rive gauche de la Meuse, passa ce fleuve, et laissa garnison dans les places importantes de Berg-op-Zoom, Bréda et Bois-le-Duc.

Après avoir battu la réserve du duc d'York, on le poursuivit jusqu'à la rivière d'Aa : sans quelques contretems, c'en était fait de l'armée anglaise, on l'aurait entièrement défaite, elle eût perdu son artillerie et ses bagages : mais le duc d'York eut le tems de faire sa retraite derrière la Meuse.

L'armée prit position, le deuxième jour complémentaire, derrière l'Aa ; et le troisième à Denter.

Ce même jour l'armée de Sambre-et-Meuse, en exécution des ordres de Pichegru, attaqua l'aile gauche de l'armée autrichienne, la battit complètement, malgré la résistance la plus opiniâtre, lui tua beaucoup de monde, fit 700 prisonniers, et prit 26 canons, 6 drapeaux et beaucoup de bagages.

Après cette défaite, les autrichiens se retirèrent sur Juliers, derrière la Roër, laissant un corps de troupes qui entra à Mastricht, et qui bientôt y fut bloqué par la brave armée qui les avait battus tant de fois.

Pour poursuivre les anglais de l'autre côté de la Meuse, il était nécessaire de s'emparer de Bois-le-Duc, qui était la place qui convenait le mieux pour assurer la position de l'armée, et pour servir d'entrepôt de vivres. L'entreprise était difficile et périlleuse : les forts de cette place étaient très-bien entretenus et bien armés ; cependant, malgré les inondations qui s'étendaient à plus de 300 toises des remparts, malgré l'éloignement de notre artillerie de siège, et la saison avancée, le siège fut résolu : la place fut donc investie par notre cavalerie le premier vendémiaire, et le lendemain l'infanterie fut placée. On établit quelques batteries d'obusiers pour incendier la ville, et l'on commença la tranchée, qui devint tous les jours plus difficultueuse à cause de l'augmentation des eaux.

Le 2, on s'empara de l'ancien fort d'Orten, que l'ennemi avait évacué. Il n'en fut pas ainsi du fort Crevecœur, il fallait l'investir et le bombarder. La prise de ce fort était importante pour l'entreprise, parce qu'il défendait l'Ecluse sur la Meuse. Après quelques travaux, ce fort capitula le 7.* La garnison sortit du fort avec les honneurs de la guerre, et fut prisonnière sur parole.

Cependant les pluies commençaient, et les inondations, augmentant devant Bois-le-Duc, rendaient le siège très-difficile; la tranchée, qui était déjà trop éloignée, devenait im-

* Ce fort était armé de 38 canons et 4 obusiers: on y trouva 422 fusils et 385 quintaux de poudre.

praticable. L'artillerie de siège venait d'arriver, mais il était presque impossible de la faire agir utilement. Au moment même où l'on désespérait d'en venir à bout, le commandant de cette place demanda à capituler ; il fit une capitulation plus avantageuse qu'honorable. La garnison obtint les honneurs de la guerre, se retira dans l'intérieur de la Hollande, et ne fut prisonnière que sur parole.

Le siège de Mastricht n'étant pas assuré tant que les autrichiens garderaient la Roër, l'armée de Sambre-et-Meuse les attaqua le 11 vendémiaire, les battit, les força de se retirer derrière le Rhin, et s'empara de Juliers ; elle poursuivit l'ennemi, et se rendit maîtresse de Cologne et de Bonn.

Pour s'assurer du succès de l'attaque sur la Roër, on avait fait agir une partie des troupes qui formaient l'investissement de Mastricht. Après le gain de la bataille, on les renvoya au général Kléber, qui avait le commandement de cette armée de siège, forte de 40,000 hommes.

L'armée du Nord marcha ensuite sur Grave, que la division du général Bonneau avait tenu investi pendant le siège de Bois-le-Duc.

La division du général Moreau, qui avait fait le siège de l'Ecluse, après s'être reposée quelque tems dans la Flandre, vint rejoindre l'armée du Nord : elle arriva sur la Meuse, vis-à-vis de Venloo, et fut destinée à couvrir la communication des deux armées françaises.

CHAPITRE XII.

Passage de la Meuse par deux divisions de l'armée du Nord. — Siège et capitulation de Venloo. — Prises de Mastricht, Coblentz, Rheinfeld et Nimègue.

Le 27 vendémiaire, les divisions Bonneau et Souham passèrent la Meuse auprès de Teffelen. Ce passage s'effectua sans aucune opposition de la part de l'ennemi, qui se contenta de nous attendre dans les environs de Puffleck.

Pour nous empêcher de pénétrer dans le pays de Mas-Wahal, l'ennemi s'était retranché sur les digues des deux fleuves ; ses deux ailes, appuyées l'une sur Apeltern, l'autre sur

Druter. Le pays qui se trouve entre ces deux digues est plus bas que le lit des rivières. C'est une immense prairie, toute coupée de larges et profonds fossés remplis d'eau croupissante. Son front dans cet espace, était couvert par le canal appelé Oudeveteringue, lequel est soutenu par une digue qui domine sur toutes les prairies. Il y a encore de là à Druten une autre digue de la même élévation. L'ennemi avait fait des retranchemens, et établi des batteries sur cette ligne, et l'avait couverte de plusieurs bataillons d'infanterie anglaise, de corps d'émigrés et de beaucoup de cavaliers. *

* Dans cette occasion, comme dans beaucoup d'autres, les dispositions de l'ennemi, pour la défensive, furent toujours marquées au coin de la bonne tactique. On peut dire la même chose de toutes ses retraites. Celle

Indépendamment de toutes ces précautions, l'ennemi avait créé beaucoup d'obstacles, soit par les fossés de la plaine, soit en rendant les routes impraticables par de larges coupures et des abatis. Le courage le plus entreprenant devait se briser contre tant d'obstacles; mais celui du français les surmonte tous, et rien, pour ainsi dire, n'est capable d'arrêter sa bravoure et son audace.

Nos troupes marchèrent sur quatre colonnes; les deux plus fortes dans la prairie, et les deux autres, composées chacune de 2,500 hommes, l'une sur la digue du Vahal, l'autre sur celle de Meuse.

que les anglais firent dans cette occasion mérite des éloges : elle exigeait les plus grandes précautions, et il n'y en eût aucunes de négligées.

L'attaque commença à la pointe du jour, et le combat, quoique vif et opiniâtre, dura jusqu'à quatre heures du soir. Les deux colonnes qui avaient marché dans la prairie avaient le canal d'Oudeveteringue à passer, et l'ennemi en défendait le passage avec acharnement; mais, après quelques décharges d'artillerie, deux demi-brigades battirent la charge : rien n'arrêta leur impétuosité; dans leur impatience, elles franchirent les fossés, et traversèrent le canal, ayant de l'eau jusqu'aux épaules; des chasseurs à cheval les suivirent pour les protéger. L'ennemi, effrayé d'une telle audace, s'ébranla, et ne songea qu'à sauver ses canons; mais, comme ceux qui avaient passé le canal n'étaient pas assez nombreux pour le poursuivre, le tems qu'on mit à rendre le passage praticable lui permit de faire sa retraite.

Les deux colonnes qui avaient marché sur les deux digues eurent bien plus de succès : sur celle du Vahal on prit un bataillon d'infanterie anglaise avec ses deux canons.

Un corps considérable d'émigrés enveloppa un peloton de hussards du neuvième régiment, et crut les garder prisonniers ; mais ceux-ci le chargèrent avec tant d'audace et de vigueur, qu'ils passèrent à travers ses rangs, et rejoignirent leurs camarades.

Sur la digue de la Meuse, le général de brigade Jardon * se mit à la tête

* Jardon est de Verviers près de Liège. Il est rare de trouver un courage aussi constamment intrépide : Jardon chargerait une armée de 20,000 hommes à la tête de deux

du troisième régiment de hussards, fondit sur la légion de Rohan, presque toute composée d'émigrés, la défit entièrement, ne fit que 62 prisonniers, et détruisit absolument le reste.

Nimègue était la seule place par où l'ennemi pût passer pour nous attaquer entre Meuse et Rhin. Il était donc nécessaire de s'en emparer tant pour assurer la position des deux armées sur le Rhin que pour faire tranquillement le siège de Grave, et

compagnies de grenadiers avec autant de plaisir que s'il avait des forces égales; on peut dire avec autant de plaisir, car il n'en connaît pas de plus grand que celui de se battre. Il priait quelquefois des officiers à dîner, et ne manquait jamais d'ajouter après le repas: *Allons charger l'ennemi.* C'était son spectacle : il croit qu'il n'en existe pas de plus amusant.

cantonner sûrement nos troupes. Toutes ces considérations déterminèrent Pichegru à entreprendre ce siège. Quoique la saison fût très-avancée, on s'approcha de cette ville le 6 brumaire, et on en fit l'investissement partiel; des troupes passèrent à Wichem et Boninguem, pour completter celui de Grave.

Le siège de Vanloo fut entrepris avec 4,000 hommes : l'audace suppléa aux moyens. La garnison voulut tenter une sortie, et fut vigoureusement repoussée; enfin, intimidée par notre hardiesse, et par la proximité de nos ouvrages, elle accepta la capitulation : nos troupes y entrèrent le 5 brumaire.

On n'a presque pas parlé de ce siège; les systêmes politiques de l'ancien comité de salut public étaient si effrayans, que tous les généraux redoutaient ses fureurs : les uns croyaient s'y dérober en exagérant leurs succès ; les autres en les laissant ignorer. L'armée du Nord avait adopté ce dernier moyen, et l'on doit avoir remarqué que Pichegru n'a jamais fourni de longs détails sur ses victoires ; il s'est toujours borné à ne publier que les grands résultats. Ce général jugea toujours parfaitement les gouvernans d'alors, et montra, par sa conduite politique, qu'il savait les apprécier à leur juste valeur.

Les courses fatigantes d'une campagne aussi active, et l'habitude constante de coucher habillé, firent contracter à Pichegru une maladie cutannée, qui l'obligea de quitter l'armée devant Nimègue pour aller se faire guérir à Bruxelles. Pendant son absence, le général Moreau eut le commandement de l'armée du Nord; mais Pichegru continua sa correspondance avec lui et Jourdan, pour les aider de ses conseils.

Le 14 brumaire, le général Kléber s'empara de Mastricht après onze jours de tranchée ouverte. *

Dans le tems que ce général prenait Mastricht, la droite de l'armée de Sambre-et-Meuse s'emparait de Coblentz et de Rheinfeld. Celle du Rhin s'étant avancée dans le Pala-

* Louis XIV prit Mastricht en treize jours, et Louis XV dans l'espace de trois semaines. Tous nos plus fameux poëtes ont célébré, dans les deux premières époques, la prise de cette place; les pinceaux des meilleurs peintres en ont éternisé le souvenir: et le nom de Kléber à cette époque était à peine connu. Il lui a fallu faire des exploits encore plus grands pour sortir de l'obscurité.

tinat, Mayence fut la seule place que les coalisés conservèrent sur la rive gauche.

Nimègue n'avait pu être investi que sur la rive gauche du Vahal; l'armée anglaise, forte d'environ 38,000 hommes, campait de l'autre côté, et, par le moyen d'un pont de bateaux et d'un pont volant, elle avait la facilité de rafraîchir et de renouveler la garnison; les fortifications nécessaires à sa défense étaient en bon état; ses ouvrages avancés, qu'on appelle lignes, étaient garnis de fortes pièces de canon et de mortiers, dont les feux se croisaient parfaitement. Ces lignes couvraient les remparts, et faisaient un véritable camp retranché; indépendamment de tout cela, une ligne circulaire de trous de loups très-profonds, assez près des batteries, ceignait toute la place, et rendait inutiles les efforts de notre cavalerie.

Pour completter l'investissement de Nimègue, il aurait fallu faire passer le Vahal à un corps de 30,000 hommes; mais indépendamment que le passage présentait de très-grandes difficultés, la crue des eaux pouvait couper toute communication entre ce corps et le reste de l'armée, et s'il eût éprouvé un échec, on n'avait aucun moyen de le secourir. Tant de difficultés firent regarder l'issue de ce siège comme incertain; déjà même on était si convaincu de l'impossibilité du succès, qu'on avait ordonné une attaque de vive force sur les lignes. Cette mesure était périlleuse, mais elle était indispensable. La terreur que nos troupes avaient imprimée à l'ennemi nous dispensa de ce dangereux coup de main. On établit aux deux bouts de l'arc que formaient nos troupes deux fortes batteries ; l'une à droite, et l'autre à gauche. Toutes deux étaient destinées à tirer sur le pont de bateaux et sur le pont-volant, qui servaient de communication entre la place et l'armée anglaise. Nos artilleurs réussirent à couler bas plusieurs des bateaux qui soutenaient le pont. Les anglais furent tellement déconcertés par cette avarie, que, dans la nuit du 17 au 18 brumaire, ils les réparèrent, évacuèrent la ville, retirèrent le pont sur la rive droite, et le brûlèrent, laissant les hollandais seuls dans la place.

La garnison hollandaise se voyant trop faible pour nous résister, se mit en désordre ; une partie s'embarqua dans le bac du pont volant ; mais, un boulet, ou le poids de tant d'hommes rompit le cable, et leur passage ne put s'effectuer. Dans cet instant les portes nous furent ouvertes, et nos troupes allèrent tirer les hollandais hors du Vahal pour les faire prisonniers.

On n'avait pas besoin de capituler avec la faible garnison que les anglais avaient laissée à Nimègue, puisque le tout était déjà tombé en notre pouvoir; mais le général Souham, qui commandait le siège, craignant que cette ville ne fût regardée comme prise d'assaut, et dès lors livrée au pillage, se détermina à faire un simulacre de capitulation, en un seul article, portant que la garnison se rendrait tout de suite sur les glacis, déposerait les armes, et serait conduite sur les derrières pour être prisonnière de guerre.

CHAPITRE XIV.

Projet sur les îles de Bommel et de Bethuwe. — Investissement de Bréda. — Évacuation des places de la Flandre hollandaise.

Lors de la prise de Nimègue, l'armée se trouvait dans un dénuement absolu: 7 mois complets de bivouac avaient totalement usé les équipemens de nos défenseurs. Il y en avait beaucoup qui auraient desiré se vêtir à leurs frais; mais avant même que les villes ne fussent prises, la réquisition de tous les draps était déjà faite; et quand les soldats y entraient, il ne leur était seulement pas permis d'acheter de quoi réparer leurs vieux habits, tandis que les proconsuls, l'agence du commerce, les réquisiteurs, et toute cette foule de vampires attachés aux armées, sous le nom d'administrateurs, dévoraient à la fois le pain de nos héros et l'or de nos ennemis. Ce spectacle révoltant de cupidité d'une part, et de dénuement de l'autre, alluma l'indignation de nos généraux : ils en témoignèrent hautement leur mécontentement, et Souham, plus impatient que les autres, prit sur lui de chasser de Nimègue tous les réquisiteurs de l'agence de commerce ; il les menaça même de les faire arrêter s'ils s'avisaient d'y reparaître. Mais cette mesure sévère ne changea point l'état déplorable de nos soldats, qu'on ne pensa même pas à faire équiper ni reposer. Les proconsuls projetèrent une expédition sur les îles de Bommel et de Béthuwe, malgré les justes objections des généraux Moreau, Regnier et autres, qui leur représentèrent tous les obstacles presqu'insurmontables que présentait cette expédition. On leur objecta en vain qu'il fallait donner du repos aux troupes; qu'après tant de fatigues et de privations, il était tems de les cantonner; qu'il était urgent d'employer une partie de l'hiver à revêtir et réorganiser l'armée; que, pendant ce tems, on construirait des bateaux, et qu'on rassemblerait des matériaux pour faire les ponts; que les troupes, après un court délai de repos, seraient plus propres à supporter de nouvelles fatigues. Toutes ces considérations ne firent aucune impression sur l'ame des proconsuls; ils voulurent, d'une volonté suprême, tenter cette entreprise, et il ne resta plus à la valeur d'autre parti que celui de l'obéissance.

Le général Daëndels * fut le seul qui prétendit avoir des moyens suffisans pour effectuer ce passage ; il en répondait sur sa tête : aussi fut-il le seul à presser cette expédition : il prépara dans le silence les moyens de l'exécuter.

Il rassembla à Crévecœur, et dans les anses de la rive gauche de la Meuse, beaucoup de petits bateaux propres à passer de l'infanterie dans l'île de Bommel. Il avait, outre cela,

* Daëndels est un batave réfugié, avocat de profession, et cependant excellent militaire. Il est d'un caractère très-ardent. Il s'acquitta parfaitement de toutes les missions dont il fut chargé pendant la guerre, et il a rendu de grands services aux armées comme général de brigade, et ensuite comme général de division.

à Bois-le-Duc des matériaux pour faire un pont.

Près de Kokerdun, un peu au-dessus de Nimègue, il y avait dans une anse du Vahal assez de petits bateaux pour passer environ 300 fantassins à la fois ; mais on n'avait aucun moyen de passer la cavalerie et l'artillerie.

Le 21 frimaire fut le jour fixé pour l'exécution. On fit une fausse attaque près Kokerdun, qui réussit assez bien : quatre compagnies de grenadiers passèrent le Vahal dans des bateaux, prirent un major autrichien, et enclouèrent 4 pièces de canons. Mais l'ennemi, qui s'était renforcé, les força de se rembarquer précipitamment.

Celle qui eut lieu au fort *Saint-André* fut plus fâcheuse : un feu vif et bien soutenu nous enleva un certain nombre de bons soldats.

Quant à la principale attaque qui devait se diriger sur l'île de Bommel, le général Daëndels s'aperçut bientôt de son impossibilité : il vint dire au général Moreau qu'il était urgent d'abandonner ce projet, attendu qu'il ne pouvait tirer les batteries de l'endroit où elles étaient, sans trop s'exposer au feu de l'ennemi. Il se hâta de donner le contre-ordre de cette attaque. *

L'armée obtint enfin quelques jours de repos, sa situation aurait exigé qu'il se prolongeât tout l'hiver ; mais un froid rigoureux ayant gelé les fleuves, la glace devint assez dure pour éviter l'embarras des

* *Humanum est errare, diabolicum perseverare.*

ponts, et l'occasion était trop belle pour que Pichegru la laissât échapper : on verra bientôt avec quelle activité il sut tirer parti des circonstances.

Pour mettre à profit le repos des troupes, on s'était déterminé à faire investir Bréda par le cantonnement d'hiver. En conséquence, le général Bonneau, * dont la division était cantonnée dans le pays de Mas-Vahal, en partit le 27 frimaire pour former, conjointement avec la division du général Lemaire, le blocus de

* Le général Bonneau a la dignité d'un sénateur; il a le physique robuste d'un homme de guerre, et son abord imprime le respect. Il peut se flatter de l'estime de tous ses camarades et de celle de toute l'armée. Pendant toute cette guerre, il a parfaitement bien servi.

Bréda. Cet investissement fut achevé le premier nivôse.

Maîtres de Nimègue, nous ne pouvions plus craindre que l'ennemi tentât de passer le Vahal, et vînt secourir Grave. On aurait pu faire sur-le-champ le siège de cette place, quoique très-forte et en bon état de défense. Réduite à ses propres forces, elle ne pouvait pas nous résister; mais ce siège aurait été trop meurtrier, et l'on n'était pas sûr que les inondations de la Meuse ne viendraient pas détruire les travaux du siège. Le commandant de cette place ne ressemblait pas à celui de Bois-le-Duc; c'était un homme d'honneur qui voulait nous la vendre bien cher. Dénuée de tout secours, elle ne pouvait pas manquer de tomber en notre pouvoir à la fin de l'hiver, et l'impatience de la posséder pouvait nous causer de très-grandes pertes. On se contenta donc de la tenir bloquée, et d'y jeter quelques bombes. L'évènement justifia ce plan, puisqu'elle ne tarda pas à se rendre, sans qu'on eût fait le moindre sacrifice.

Les hollandais évacuèrent leurs places de la Flandre, pour rapprocher les garnisons de leurs armées; le général Michaud s'empara de toutes ces forteresses dans le courant de frimaire.

Les autrichiens n'avaient plus aucun poste sur la rive gauche du Rhin: on les chassa des retranchemens qu'ils avaient élevés à Burich, vis-à-vis de Wesel, et qui auraient pu leur servir de tête de pont, de manière que, lors de notre cantonnement, l'ennemi ne pouvait plus nous inquiéter, le Rhin nous séparant entièrement de lui.

CHAPITRE XV.

Pichegru reprend le commandement des armées. — Prise de l'île de Bommel. — Capitulation de Grave. — Blocus de Heusden.

Le général Pichegru, voyant que la saison pourrait servir ses projets sur la Hollande, rejoignit l'armée sans attendre sa parfaite guérison. Ce général avait fait, l'année précédente, un apprentissage d'expédition d'hiver sur le Haut-Rhin ; mais ce qu'il avait exécuté dans les tems froids du côté de Weissembourg aurait pu se faire dans la belle saison, au lieu qu'il fallait absolument un hiver aussi rude que celui de 1795 pour lui donner les succès éclatans qu'il eut en Hollande.

La conquête de la Hollande est impossible dans les tems ordinaires, à cause de ses eaux : on ne peut y faire un pas sans rencontrer un lac, un fleuve, une rivière, ou de larges canaux. Tous les chemins de ce pays aquatique sont fondés sur des digues ou dans des marais ; le passage d'une armée les aurait dégradés dans l'instant, et la retraite serait alors devenue, sinon impossible, du moins très-difficile. Dans un moment de détresse, les hollandais peuvent ouvrir les digues de la Nord-Hollande, et mettre toute la West-Frise, la province de Hollande et une partie de celle d'Utrech sous les eaux de la mer. En faisant des coupures aux digues des rivières, ils peuvent inonder les provinces de l'est, et mettre de grands obstacles à leur invasion. Or, qui peut assurer que le stadhouder, au désespoir, n'aurait pas pris ces mesures, quelque dévastatrices qu'elles soient, si on avait attendu le printems pour marcher sur la Hollande ? Ses prédécesseurs avaient usé de ces moyens contre Louis XIV ; il pouvait y recourir aussi dans le moment du danger.

Pichegru regardait cette conquête comme impossible dans des tems ordinaires, et les habitans du Brabant hollandais étaient tellement convaincus de l'impossibilité de ce projet, qu'ils nous répondaient gravement quand, devant eux, nous prétendions aller au Zuiderzée : Si vous y allez, on vous noiera, et aucun de vous n'en reviendra. »

Il fallait donc des glaces solides pour obtenir les résultats qu'on s'était promis. Ainsi, malgré l'état de détresse où se trouvaient nos troupes ;

malgré le besoin qu'elles avaient de se reposer, une occasion favorable se présentait, il fallut la saisir : si on l'eût laissé échapper, on ne l'aurait plus rencontrée.

Le gouvernement hollandais fit des tentatives pour faire la paix ; ses offres, quoique très-avantageuses dans les tems antérieurs, ne le parurent pas assez pour la situation où il était alors. Ce gouvernement demanda aussi un armistice : mais cette proposition n'était pas acceptable, elle fut rejetée.

Dans les derniers jours de frimaire, la Meuse se gela, et la glace fut assez forte dans beaucoup d'endroits pour qu'on pût la passer. Le froid fut encore plus vif dans le commencement de nivôse, et le Vahal devint solide. L'occasion était trop belle pour qu'on ne s'empressât pas de la saisir : Pichegru donna les ordres pour le passage.

Le 7 nivôse, deux brigades furent commandées pour passer la Meuse sur la glace, et pour marcher sur l'île de Bommel. Un froid extraordinaire se faisait sentir, et engourdissait toute la nature : il n'y avait que des soldats français qui pussent conserver leur activité. Les hollandais, frappés de terreur par cette attaque imprévue, opposèrent peu de résistance : la garnison du fort Saint-André ne tarda pas à se rendre : aussi la prise de Bommel et celle du fort Saint-André qui, dans des tems ordinaires, auraient coûté beaucoup de peines et de sacrifices, n'éprouvèrent presque pas de difficultés. * On fit dans cette

* Le thermomètre était descendu alors jusqu'à dix-sept degrés au-dessous de la glace.

journée 1,600 prisonniers, et l'on prit une très-grande quantité de canons, de bouches à feu et de munitions.

Les divisions Bonneau et Lemaire attaquèrent vigoureusement de leur côté les lignes de Bréda, Oudebasch et Sevenbergen, et s'en emparèrent, et notre position autour de Bréda en devint beaucoup plus forte et plus imposante.

La ville de Grave, ce chef-d'œuvre de fortification, fut forcée de capituler le 8, faute de provisions et de munitions. Sa garnison fut faite prisonnière de guerre. *

* Cette place avait été tenue bloquée sur la rive gauche de la Meuse depuis le commencement du siège de Bois-le-Duc. Son investissement avait été completté le 6 brumaire. Le commandant avait vu prendre Nimègue sous ses yeux; il avait été témoin des désastres et de la fuite de toutes les armées

L'ennemi avait encore la petite place de Heusden sur la rive gauche de la Meuse : elle fut bloquée par suite du passage dans l'île de Bommel, et ne tarda pas à se rendre.

Le froid, devenant toujours plus rigoureux, rendit la glace assez forte pour qu'on pût passer le Vahal au-dessus de Nimègue. C'était un spectacle véritablement étonnant de voir nos bataillons, nos escadrons et notre artillerie manœuvrer sur l'écorce de glace qui couvrait le fleuve, avec

qui pouvaient le secourir; Mastricht, Venloo et toutes les places des rives gauches du Rhin et de la Meuse étaient en notre pouvoir depuis plus de deux mois; on lui avait fait plusieurs sommations, et l'on avait bombardé la place : malgré cela, il demeura deux mois entiers isolé au milieu de nos bataillons, et ne se rendit que lorsqu'il n'eut plus ni munitions ni provisions.

autant d'assurance qu'ils auraient pu le faire sur la terre ferme.

Avant tout, on eut la précaution d'envoyer de fortes reconnaissances sur la rive droite du Vahal. On y avait établi des postes pour protéger le passage qui alors s'effectua très-facilement.

Les armées ennemies s'étaient retirées derrière la Linge.

Le prince d'Orange avait établi son quartier-général à Gorcum, et son armée était auprès de cette ville.

La droite de celle des anglais à Culembourg, et la gauche au canal de Panerden.

Le corps de 25,000 autrichiens qui était à la solde de l'Angleterre, formait une ligne depuis Arnhem jusqu'à Wesel.

Le duc d'York, qui, depuis son entreprise sur Dunkerque, n'avait cessé d'être battu, entièrement découragé par tant de défaites, et prévoyant qu'il ne serait pas plus heureux en Hollande que dans la Flandre, s'embarqua pour l'Angleterre, emportant avec lui le regret de n'avoir pu rayer la France du tableau politique de l'Europe.

Le 19 nivôse, peu de tems après le passage du Vahal par une partie de nos troupes; le général Macdonald, à la tête d'une brigade, s'empara de Thiel, et poussa ses reconnaissances jusqu'à la Linge. Le général Salm * envoya des postes sur cette rivière à Goldemarden et Meterra.

* On prétend que ce général est de la famille des Salm-Salm; qu'ayant dépensé toute sa fortune à Paris, il avait été obligé de s'engager dans un régiment de dragons.

Le passage du Vahal au-dessus de Nimègue présentait beaucoup plus d'obstacles qu'on n'en avait trouvés au-dessous ; d'abord, parce que cette rivière n'était pas solidement gelée partout, et en second lieu, parce que l'ennemi y avait plus de forces qu'ailleurs : outre cela, le corps de 25,000 autrichiens, commandé par le général Alvinzy, pouvait nous prendre en flanc. Malgré tant d'obstacles, ce passage s'effectua le 21 nivôse. Deux brigades de la division Moreau passèrent à Millingenen, et, pour couvrir la droite, prirent position sur le canal de Pannerden. L'intrépide Jardon passa à Kokerdun sur Gente, et le sage Regnier * à Oie-sur-Bommel. Le succès qu'obtinrent ces quatre bri-

* Ce général est né à Lausanne. Il n'avait que vingt-un ans au commencement de la

gades donnèrent au général Macdonald la faculté de passer le fleuve à Nimègue dans de petits bateaux avec plusieurs compagnies de grenadiers. Il s'empara du fort de Kuossembourg que l'ennemi venait d'évacuer, et y prit une position provisoire.

Les anglais opposèrent une faible résistance à toutes nos attaques ; ils n'osèrent se mesurer avec nos troupes, et ne tardèrent pas à se retirer. Les autrichiens plus fermes combattirent plus long-tems, ils revinrent même à la charge plusieurs fois : quoique battus, sans la défection

campagne : à cet âge où le raisonnement est à peine développé chez le commun des hommes, il dirigeait les mouvemens de la plus forte division de l'armée du Nord. Tous les généraux le convoitaient, et Pichegru lui-même penchait assez souvent pour les avis qu'il donnait dans les conseils de guerre.

des anglais, ils nous auraient retardé dans notre marche, mais enfin ils durent céder à la bravoure française : ils furent repoussés, et forcés de se retirer. On fit un grand nombre de prisonniers, et l'on trouva beaucoup d'artillerie dans les batteries qu'ils avaient sur les digues du Vahal. Après ce premier succès, rien ne put empêcher l'envahissement de toutes les Provinces-Unies.

CHAPITRE XVI.

Coup-d'œil sur la Hollande.

LES Provinces-Unies sont le pays le plus plat et le plus bas de l'Europe: c'est uniquement ce que les flamands appellent un *polder*, qui signifie terre volée à l'eau.

La partie orientale est si peu élevée au-dessus du niveau de la mer, que l'œil distingue à peine de quel côté coulent les rivières; presque toutes n'ont que des lits factices, et l'expansion de leurs eaux n'est empêchée que par des digues assez élevées et très-solides.

La partie occidentale de cet état, surtout la West-Frise et le comté de Hollande, est encore plus basse; car sans des digues parfaitement bien cimentées qu'on y entretient avec soin et à grands frais, ces deux contrées seraient bientôt englouties sous les eaux de la mer.

Les hollandais avaient déplu à un empereur de Turquie : dans un mouvement d'impatience, ce prince dit : « Si ces marchands me font mettre en colère, j'enverrai chez eux un corps de pionniers pour jeter toutes leurs terres dans la mer. »

Les inondations de la Hollande arrêtèrent les conquêtes de Louis XIV, et faillirent noyer toute son armée. En disant que c'est un état qui ne se soutient que par artifice, on a dit tout ce qu'il faut.

L'air des Provinces-Unies est assez tempéré, mais il est humide, grossier et mal sain. Les eaux n'y sont ni pures ni saines. En général, c'est un terrein plus propre à nourrir des grenouilles que des hommes. Le sol de Hollande est de la plus mauvaise qualité ; il n'y a que la province d'Utrecht et celle de Gueldre qui récoltent assez de bled pour nourrir leurs sobres habitans. Les autres provinces n'ont presque que des pâturages. On y fait beaucoup de beurre et de fromage, dont les hollandais font leur principale nourriture ; et voilà en quoi consistent toutes les productions de leur sol. On sait qu'il n'y a guère plus de deux cents ans que les bataves offrirent la souveraineté de leur pays à la France et à l'Angleterre, et que l'une et l'autre puissance la refusèrent.

Il s'est fait depuis un grand changement dans cet état. Ce pays aquatique est aujourd'hui couronné par une quantité de grandes, belles et magnifiques villes. Il est tout aussi bien peuplé que la France, relativement à son étendue. Avant son invasion, il possédait autant de richesses de convention, de marchandises et de provisions que les états les plus florissans de l'Europe. Il devait cette immense population, et ces richesses étonnantes à d'autres causes qu'aux productions de son sol ; il les devait à la sagesse de sa constitution primitive, à son commerce, à ses manufactures, et à ses compagnies des Indes-Orientales et Occidentales. Détruisez tous ces leviers de propagation en Hollande, elle sera bientôt déserte. Il faut peu de tems et peu de chose pour abattre un état qui ne se soutient que par artifice ; mais il faut des siècles et de grandes forces pour le relever.

Sans les efforts extraordinaires que l'Angleterre a faits pour l'emporter sur la Hollande, cette république serait parvenue à faire tout le commerce du monde. Quoique voisine de cette nation, qui n'a jamais eu d'autre politique que celle qui tendait à augmenter ses relations commerciales, d'autre conduite que celle qui concourait à écraser le commerce des autres nations, et dont toutes les guerres n'ont eu et n'ont pu avoir de but que celui du négoce, la Hollande avait pourtant conservé un commerce qui rivalisait celui de l'Angleterre, et elle pouvait passer pour la seconde puissance commerçante de l'Europe.

Cet état, qui ne produit que du beurre et du fromage, mettait, par son commerce, tous les pays du monde à contribution. Il manquait de bois, et les mers étaient couvertes de ses vaisseaux; il revendait une quantité prodigieuse de bois de charpente au Portugal et à l'Espagne : il manquait absolument de bled, et il avait trouvé les moyens d'en fournir à une partie de ses colonies, et d'en revendre à plusieurs nations : il n'a pas un cep de vigne, et son commerce en vins et eaux-de-vie était prodigieux : sa position physique, et la nature de son sol le privaient de toute exploitation des mines, cependant, l'or, l'argent, et tous les autres métaux y abondaient plus qu'ailleurs : enfin, pour donner une idée de toutes les marchandises que les hollandais importaient et exportaient continuellement, il faudrait faire le catalogue de tous les objets qui peuvent entrer dans le commerce.

On a dit de la Hollande que la Norwège était sa forêt ; que les bords du Rhin, de la Garonne, de la Dordogne et du Lot étaient ses vignobles ; que la Silésie, la Pologne, la Saxe, l'Espagne et l'Irlande étaient ses bergeries ; la Poméranie, la Prusse et la Pologne ses greniers ; l'Inde et l'Arabie ses jardins. Cette idée était précise et juste.

Les hollandais commerçaient directement et toujours d'une manière lucrative avec tous les peuples de notre continent. Les frais de transport étaient un de leurs grands profits, c'est ce qui les avait fait appeler les porte-faix de l'Europe. Ils gagnaient encore davantage par la main-d'œuvre. Tout le monde sait qu'ils tiraient de l'étranger beaucoup de matières premières, et qu'ils ne les leur rapportaient que lorsqu'ils les avaient fait ouvrer dans leurs manufactures et leurs fabriques. Mais le commerce exclusif des épiceries qu'ils faisaient dans toute l'Europe, même en Angleterre, et la pêche des harengs, étaient les deux objets qui avaient élevé cette république au plus haut degré de fortune et de prospérité.

La Hollande devait les progrès étonnans de son commerce à une bonne mesure qui n'a jamais été pratiquée en France : le conseil d'état de ce pays admettait toujours dans son sein, et consultait très-soigneusement les négocians instruits qui avaient voyagé, et qui joignaient à une excellente théorie du commerce une pratique indispensable pour la connaissance des détails. Il y avait, en outre, des encouragemens pour ceux qui introduisaient de nouvelles manufactures, ou qui découvraient chez l'étranger de nouvelles branches de commerce : en un mot, tout était parfaitement bien organisé pour étendre les relations commerciales de la république.

Il est, dit-on, affligeant qu'il faille donner ou laisser prendre des privilèges exclusifs à des villes, à des compagnies de négocians pour élever le commerce d'un état à son plus haut degré; mais il n'en est pas même démontré, par une expérience constante, que cette condescendance des gouvernemens est nécessaire pour réunir et faire agir simultanément tous les négocians d'un état. Les économistes français ne sont pas de cet avis, presque tous veulent une latitude indéfinie de liberté dans le commerce : eh bien! en mettant ces principes en pratique, on ne doit espérer qu'un commerce très-isolé et très-borné. C'est en prenant le contre-pied de ce système que les hollandais étaient parvenus à franchir les bornes que leur position faisait regarder comme insurmontables. L'économiste peut porter ses regards sur les avantages de chaque individu : l'homme d'état ne voit que l'intérêt public.

La Hollande avait peut-être porté un peu trop loin l'exclusion ; car, indépendamment des compagnies, les différentes villes de cette république s'étaient partagé le commerce général de la nation. Tout était réglé de manière que chaque place avait son lot de commerce, bon ou mauvais, sans que les autres eussent envie de l'entraver.

Amsterdam servait d'entrepôt pour toutes les marchandises qui arrivaient des Indes-Orientales et Occidentales, du Levant, de l'Espagne, du Portugal et de la Baltique.

Roterdam, Enkuissen, Schiendan, Maaslanduis, Galingue, etc., avaient la pêche du hareng et du cabillau, qu'on appelle grande pêche.

Amsterdam, Roterdam, Enkuissen, etc., s'étaient approprié celle du Groënland, qu'on appelle petite pêche.

Dordt et Roterdam avaient le commerce des vins du Rhin, et Saardam la construction des vaisseaux. Tout était organisé de manière qu'aucune branche de commerce n'était isolée, et que cette méthode les avait toutes portées à leur plus grande perfection. Ajoutez à cela que leurs compagnies de commerce étaient les plus florissantes de l'Europe. On ne doit donc plus être étonné de ce que cette nation, condamnée par la nature de son sol à vivre de privations, soit devenue si populeuse, et parvenue à un si haut degré de prospérité et de richesse. Mais le génie mercantille des hollandais a beaucoup contribué à renverser leur constitution primitive. Ce peuple, entièrement adonné au commerce, a négligé de remplir lui-même les fonctions administratives et militaires. Il a laissé ces fonctions dans les mêmes mains: elles étaient devenues héréditaires dans certaines familles. L'ambition du stathouder trouva un aliment dans cette négligence : il lui fut alors facile de s'attacher et de corrompre la magistrature hollandaise.

Voilà ce qui changea la république en un gouvernement purement royal.

Si le gouvernement hollandais avait été républicain comme dans son origine, il se fût maintenu dans une parfaite neutralité. Eût-il fallu acheter son repos? il l'eût payé à tout prix, et, par son commerce, il aurait retiré des puissances belligérantes ce que leur injustice lui aurait ravi par la violence. Il n'avait que ce moyen d'éviter le grand orage qui menaçait de ravager son territoire. Ce peuple n'avait pour lui résister que des troupes mercenaires, et nécessairement il devait succomber. S'il veut reconquérir ses anciens droits, il faut qu'il imite ses ancêtres, c'est à dire qu'il devienne soldat : sans cela, ses ressources seront bientôt épuisées, et il ne tardera pas à reprendre son ancien joug, ou à se soumettre à de nouveaux maîtres.

CHAPITRE XVII.

Evacuation de la province d'Utrecht par les anglais. — Départ du prince d'Orange. — Entrée des français à Utrecht. — Capitulation de Gertruidemberg. — Capitulation de la province de Hollande. — Entrée des français à Amsterdam.

PENDANT la marche triomphante d'une partie de nos troupes sur les Provinces-Unies, il survint, les 22 et 23 nivôse, un dégel qui donna les plus grandes inquiétudes sur les suites funestes qu'il pouvait avoir. La communication allait être interrompue entre les troupes qui avaient passé, et celles qui étaient restées en-deçà du Vahal. Heureusement, le 24, le fleuve reprit sa solidité, et le reste de nos troupes put marcher sur la glace, et venir prendre position sur la Linge.

Le passage effectué, on ne tarda pas à devenir maître de cette grande île que forment le Vahal et le Leck avant d'aller confondre leurs eaux dans celle de la Meuse. Nous entrâmes le même jour à Buren et à Culembourg. Le lendemain l'armée se posta derrière le Rhin et le Leck.

La fameuse forteresse de Gorcum, que la bonté de ses ouvrages, et la facilité qu'elle a de se fortifier par les inondations, firent appeler la porte de la Hollande, était encore au pouvoir de l'ennemi. Le quartier-général du prince d'Orange y était toujours. Dans des tems ordinaires, cette place aurait pu faire une bonne résistance, mais les glaces rendaient toutes les villes abordables. Ce prince, voyant donc qu'il n'était plus possible de nous résister, et que le moindre retard pouvait le faire tomber entre nos mains, prit le parti d'abandonner ses états : il s'embarqua à Schevelingues pour l'Angleterre.

Dans le même tems que nos troupes passaient le Vahal, la division du général Bonneau quitta les environs de Bréda pour s'approcher de Gertruidemberg; elle s'empara même de vive force de quelques forts dépendans de cette place.

Les anglais, ne voyant plus la possibilité de défendre la Hollande, ni de s'y maintenir, prirent le parti de l'évacuer : ils commencèrent à abandonner la province d'Utrecht. Aussitôt après leur retraite, nos troupes s'emparèrent de Durstède et de Thénen, et poursuivirent l'ennemi jusqu'à Vageningen, où elles entrèrent le 27.

Le 25 nivôse, des députés de la province d'Utrecht s'étaient rendus chez le général Salm, et avaient proposé une capitulation pour cette province. Ce général s'empara de la capitale de cette province * le 28, et le général Vandamme entra à Arnheim le même jour.

Le 29, la brigade du général Dewinther s'empara d'Amersfort. Le même jour, Macdonald prit position derrière les lignes du Grèbe, sa

* C'est à Utrecht que se cimenta l'union des sept provinces en 1679. C'est encore dans cette ville que se tint le fameux congrès, en 1712 et 1713, qui termina la guerre de la succession, et rendit la paix à l'Europe. L'armée de Louis XIV y entra en 1672; celles de la république s'en emparèrent le 18 janvier 1795.

droite appuyée sur Rhenen, et sa gauche au Zuiderzée.

Le 30, la garnison de Gertruidemberg capitula avec le général Bonneau : elle obtint les honneurs de la guerre, et fut faite prisonnière sur parole.

Le même jour, des députés de la province de Hollande se présentèrent chez Pichegru, à Utrecht, et capitulèrent pour cette province. Le général en chef, sans perdre un instant, se rendit à Amsterdam, où il entra aussitôt.

CHAPITRE XVIII.

Suite de la conquête de la Hollande. — La cavalerie française s'empare des vaisseaux de guerre hollandais. — Capitulation de la province de Zélande.

Entre Gertruidemberg et Dordrecht se trouve le lac nommé Biesboch *. C'est sur ce lac glacé que la division du général Bonneau marcha pour s'approcher de Dordrecht, et s'en emparer. Le même jour, la même division entra dans Roterdam.

* En 1421, la mer rompit une des digues de la Hollande, et enveloppa dans ses abîmes soixante-douze villages qui s'élevaient sur le terrein qu'occupe aujourd'hui le lac Biesboch.

Celle du général Macdonald s'empara de Naerden, et y prit position, appuyant sa gauche sur cette place, et sa droite sur Amersfort.

La division Bonneau s'avança aussi, et se plaça derrière les lignes du Grèbe, sa droite sur Rhénen, et sa gauche sur Amersfort.

Le 3 pluviôse, on entra dans la Haye et Helvoeslhuys, où l'ennemi avait laissé 600 de nos soldats prisonniers. Ils furent délivrés, et 800 anglais furent pris à leur place, et envoyés en France.

Après tant de succès, il ne resta plus aux bataves d'autre parti que de subir la loi du vainqueur, et de former avec nous une alliance qui les délivrât de leur maître, et leur donnât des moyens de lui résister dans le cas où il voudrait rentrer à force armée. Les états-généraux prirent le parti de capituler : ils donnèrent ordre à tous les commandans des places fortes de les livrer aux français dès qu'ils en seraient requis. Cette démarche fut pénible sans doute, mais elle était indispensable. On ne désarma point les garnisons ; les généraux exigèrent seulement qu'elles prêtassent le serment de ne plus porter les armes contre les français.

La gauche de l'armée de Sambre-et-Meuse, qui avait quitté la Gueldre prussienne, s'empara d'Arnheim. Cette ville, qui est grande, belle et bien fortifiée, est située sur l'angle que forme l'Yssel en se séparant du Leck. Ce corps d'armée, appuyant sa droite et sa gauche sur Amersfort, completta une ligne formidable depuis ce point jusqu'à Naerden sur le Zuiderzée.

Toutes nos opérations militaires dans la conquête de la Hollande tinrent du prodige, mais l'action la plus singulière, la plus étonnante et même la plus invraisemblable, fut la prise des vaisseaux hollandais par notre cavalerie et notre artillerie légère dans la Nord-Hollande, à la faveur des glaces. Ce fut la première fois qu'on vit des flottes prises par de la cavalerie.

Comme les évènemens de cette nature ne doivent être présentés qu'avec précaution et ménagement, on doit dire que les hollandais ne possèdent pas un seul port où les vaisseaux de guerre puissent entrer armés : ils sont donc obligés de les laisser à l'entrée du Zuiderzée, dans un détroit qui se trouve entre la pointe septentrionale de la West-Frise et l'île du Texel. Ce canal, ou détroit, se gêle presque aussi facilement et aussi souvent que les rivières. C'est là qu'eut lieu cette expédition extraordinaire.

La Zélande forme un petit Archipel, composé de six îles assez grandes et de plusieurs petits îlots. Ces îles n'ont, tout comme la Hollande occidentale, qu'un territoire factice et dérobé à la mer par le moyen des digues.

Les états de cette province capitulèrent avec les français dans le courant du mois de pluviôse; mais on eut beaucoup de peine à y aborder, parce que les détroits intermédiaires de toutes ces îles n'étaient pas solidement gelés.

CHAPITRE XIX.

Retraite de l'armée anglaise derrière l'Yssel. — Evacuation de Zwol et Campen. — Prise de Doësbourg. — Evacuation de Coëvarden.

NOTRE armée resta quelques jours derrière les lignes du Grèbe, formant un cordon depuis la séparation du Leck et de l'Yssel jusqu'à Naërden. Notre avant-garde s'avança jusqu'à Kaderwich. Les provinces d'Overissel, de Groningue et de Frise, qui sont à la droite de Yssel, étaient encore occupées par les anglais.

On fut d'abord d'avis de garder la position qu'on avait prise derrière le Grèbe, mais on repoussa bientôt cette première idée. On avait imprimé trop de terreur à l'ennemi pour en demeurer là, et il n'était pas nécessaire d'attendre la belle saison pour completter la conquête des sept Provinces-Unies. *

L'armée anglaise, retirée derrière l'Yssel, avait formé une ligne depuis Doësbourg jusqu'à Campen. Cette position était assez forte pour pouvoir s'y soutenir ; mais quand une armée a perdu la confiance en ses propres forces, et qu'elle est, pour ainsi dire, terrifiée, elle n'oppose plus qu'une faible et inutile résistance. Les braves qui avaient fran-

* Nous étions maîtres à cette époque des provinces de Zélande, Gueldre, Utrecht et Hollande. L'imagination a peine à concevoir comment, dans un si court espace de tems, l'armée française ait pu conquérir tant de pays; et nos neveux regarderont peut-être un jour tant de triomphes comme de brillans mensonges.

chi avec tant d'audace la Lys, l'Escaut, la Meuse, le Vahal et le Leck, ne pouvaient regarder l'Yssel comme une barrière insurmontable. L'ennemi en fut si persuadé, que, dès que notre avant-garde parut à Harderwick, il fut frappé de terreur, et il évacua Campen et Zwol. Cette pusillanimité redoubla le courage de nos troupes, augmenta leur audace, et rendit inévitable la défaite entière des anglais.

Après l'évacuation de ces deux places, le général Pichegru s'avança, sans perdre de tems, sur l'Yssel. Une division vint prendre position entre Campen, Zwol et Deventer; une autre se porta depuis Zufphen jusqu'à Deventer. La division de gauche de l'armée de Sambre-et-Meuse occupa Doësbourg, et garda le canal de

Drusus, ainsi que celui de Panerden, où elle avait déjà des troupes.

Après l'évacuation de ces deux places qui bordent la rive droite de l'Yssel, l'armée anglaise, dans l'impossibilité de nous résister, fut obligée de se retirer dans la Westphalie. Le roi de Prusse établit alors un cordon de troupes depuis Wesel jusqu'à Endem. Les anglais le prirent bientôt pour chef de file, et se placèrent entre eux et nous.

Après le passage de l'Yssel, la terreur fut si profondément imprimée dans le cœur des anglais, que dix de nos soldats en firent prisonnier un mille. *

Un bataillon de grenadiers et deux

* Le proverbe italien qui dit : *L'inglèse comme un leoné,* ne fut pas là fort exact : il était, dans cette occasion, *comme un lepré.*

escadrons de chasseurs les chassèrent de Twente. La patrouille qui parut à Haardenberg était peu nombreuse; mais il semblait que les soldats qui la composaient eussent emprunté la tête de Méduse. Dès que les anglais les aperçurent, ils eurent tant de frayeur, qu'ils évacuèrent Coevarden dans le plus grand désordre. Le dégel avait rendu les chemins si impraticables, que, pour s'emparer de Coevarden, il fallut que nos grenadiers fissent plus de deux lieues ayant l'eau jusqu'aux genoux : mais cet obstacle ne parut qu'un jeu à nos grenadiers, ils arrivèrent, et se rendirent maîtres de cette place forte.

Le peu de résistance que les anglais firent sur la rive droite de l'Yssel étonna, dans le tems, les observateurs et les politiques, et fit naître des conjectures qui n'étaient pas honorables pour ces fiers insulaires.

L'Yssel est un grand fleuve qui peut être mis au rang des plus fortes barrières : il est bordé, sur sa droite, d'une foule de places assez fortifiées pour arrêter une armée au moins pendant quelque tems. Doësbourg, Zufphen, Deventer, Campen sont des villes qui forment une très-bonne ligne de défense ; et l'on pourrait faire les deux questions suivantes :

1°. Pourquoi les anglais ne se sont-ils laissés assiéger dans aucune de ces places ?

2°. Pourquoi, à l'aspect d'une avant-garde ou d'une simple patrouille, les ont-ils évacuées sans brûler une amorce ?

Est-ce lâcheté ? est-ce perfidie ? n'est-ce pas plutôt la conviction intime de l'inutilité d'une défense meurtrière, dont le dernier résultat aurait toujours été la perte d'un grand nombre de braves de leur côté, et une plus ample moisson de lauriers du nôtre?

CHAPITRE XX.

Suite de la conquête de la Hollande. — Combat de Berterzil. — Retraite de l'ennemi derrière l'Ems. — Paix avec le roi de Prusse.

Les provinces de Frise et de Groningue étaient les seules où les français n'eussent pas de garnisons, et l'armée anglaise occupait encore une partie de la province de Groningue. Malgré le dégel et le mauvais équipement de nos troupes, harassées de fatigues, le général en chef se détermina à y envoyer la division Macdonald, et une division de l'armée de Sambre-et-Meuse. Elles furent destinées à s'avancer sur l'extrême frontière, conjointement avec la division de Moreau, appuyant leur droite sur Emmerick que les autrichiens avaient évacué.

Le premier ventôse, nos troupes marchèrent sur Groningue, et s'en emparèrent. Les anglais, ne concevant pas qu'une armée pût s'avancer dans un pays aussi difficile, et par des chemins que le dégel avait rendus impraticables, crurent qu'il n'y était venu qu'un parti français : ils n'abandonnèrent donc pas le projet de nous faire résistance, pour conserver les forts qui couvrent cette province du côté de l'Allemagne; mais la fortune semblait avoir pour toujours abandonné les drapeaux de nos ennemis.

Une brigade, qui arriva le 10, donna la facilité d'attaquer. Le principal choc se dirigea sur l'écluse de Berterzil, où l'ennemi avait commencé des ouvrages de défense. Les anglais furent pleinement battus, et on les força d'évacuer Neweschans et Oudeschans, dont on se mit en possession.

Le 12, nos troupes s'emparèrent de Bourtanges, et poursuivirent l'ennemi jusqu'à l'Ems; mais le dégel empêcha d'avancer plus loin, et la nature seule put arrêter notre marche victorieuse. On prit, tant dans cette journée que le lendemain, 3 pièces de canon, et toutes les munitions et provisions qui se trouvèrent dans les forts.

De son côté, le général Moreau chassa l'ennemi du comté de Benthen, s'empara du fort de ce nom, fit une grande quantité de prisonniers, et prit plusieurs pièces de canon.

Postés sur les frontières de la Westphalie, nous avions devant nous un vaste champ de conquêtes ; il ne fallait à nos troupes que quinze jours de repos : un peu refaites de leurs fatigues, elles auraient facilement dépouillé le roi de Prusse de toutes les possessions qu'il a dans ce cercle. Quoiqu'il eût un cordon de troupes depuis Wesel jusqu'à Euder, il n'était pas en mesure pour nous résister ; il prit donc le sage parti de négocier la paix, qui fut conclue à Bâle, aux applaudissemens de tous les vrais français.

Le premier germinal, l'armée française eut ordre de cesser toute hostilité avec les prussiens, et les anglais terrifiés se retirèrent derrière le cordon des prussiens.

Ici se termina cette campagne glorieuse, dont toutes les opérations tinrent, pour ainsi dire, du prodige. Les français, n'ayant plus que la mer au nord, et les états du roi de Prusse l'est, mirent enfin un terme à leurs exploits, non pas faute de combattans, mais faute de terres à conquérir.

Le général Pichegru quitta alors l'armée, et se rendit à Paris dans les premiers jours de germinal.

CHAPITRE XXI.

Arrivée de Pichegru à Paris. — Il est proclamé général en chef de l'armée parisienne.

Le premier germinal, la convention manifesta des craintes pour son existence; elle redouta le fer parricide, et décréta que, dans le cas de sa dissolution, ceux de ses membres qui n'auraient pas été frappés par les assassins, se réuniraient à Châlons-sur-Marne. Ses ennemis profitèrent de sa faiblesse; ils armèrent le peuple contre elle, et firent précéder l'insurrection de 2,000 femmes qu'ils envoyèrent demander du pain. La convention les admit dans son sein, par députation, le 7, et écouta leurs réclamations.

Le 12, l'insurrection augmenta : un peuple immense se porta au sénat, demandant du pain, et l'organisation de la constitution de 93. On voulut lui fermer l'entrée : les sentinelles furent forcées ; les insurgés entrèrent à force ouverte, et prétendirent dicter des lois à la convention. Un décret ordonna qu'il serait levé dans Paris une force armée pour protéger l'arrivage des subsistances ; mais, cependant, elle déclara que, dans cette journée, le peuple avait porté atteinte à la liberté de ses délibérations.

Le général Pichegru, qui se trouvait alors à Paris, fut proclamé général en chef de l'armée parisienne.

Après avoir pris toutes les dispositions nécessaires pour faire avorter les machinations des malveillans, et rétablir le calme dans cette ville, il se présenta, le 15, à la barre de la convention, où il prononça le discours suivant :

« CITOYENS-REPRÉSENTANS,

« Rappelé à Paris par le comité de salut public pour concerter quelques opérations relatives à l'armée * dont vous m'avez donné le commandement, vous avez ajouté aux témoignages de confiance dont je suis honoré en me donnant le commandement de la garde nationale parisienne pendant le moment d'agitation qui s'est manifestée. Le zèle et l'infatigable activité des bons citoyens qui composent les sections de cette commune, ont fait bientôt cesser le trouble. Je me félicite d'y avoir concouru avec l'état-major; et,

* *Il venait d'être nommé général en chef de l'armée du Rhin.*

en venant vous demander de m'envoyer à mon poste, citoyens-représentans, je me fais un devoir d'offrir devant vous, à la garde parisienne, l'expression de ma reconnaissance, avec l'hommage de la haute estime que m'a inspirée le calme imposant qu'elle a montré dans cette circonstance.

Ce sera une bien douce satisfaction pour moi de faire part à mes frères d'armes de l'attitude imposante de la convention nationale, et des mesures qu'elle a prises pour abattre le reste de la faction tyrannique qu'elle a frappée le 9 thermidor. Je les assurerai qu'ils n'ont plus à redouter, comme autrefois, que les bourreaux fassent couler sur l'échafaud le sang de leurs parens et de leurs amis, tandis qu'ils versent le leur sur les frontières. Cette assurance va encore augmenter leur courage. Ils ne jéteront plus derrière eux ces regards d'inquiétude qui les faisaient trembler pour les jours de ce qu'ils ont de plus cher ; ils ne verront plus que les ennemis extérieurs, les tyrans qui voudraient nous asservir : nous les combattrons : la bonté de notre cause nous assure la victoire.

La convention nationale veut la justice et la liberté : le peuple les soutiendra ; les armées les feront triompher. »

Le président de la convention lui répondit :

« Brave général, tu as mérité plusieurs fois de la patrie ; tu as vaincu les ennemis coalisés, et les fleuves n'ont pu arrêter ton courage ; tes loisirs ont été utiles à la patrie. Réuni à la garde nationale parisienne, tu as fait exécuter les lois contre les ennemis intérieurs. Les factieux sont aussi dangereux à la république que les autrichiens. Va rejoindre tes braves frères d'armes ; annonce-leur que la convention nationale, ferme à son poste, déploiera contre les machinateurs et les artisans de l'anarchie le courage dont vous ne cessez de donner l'exemple sur les bords du Rhin. »

Quelques jours après, Pichegru se rendit à l'armée du Rhin.

CHAPITRE XXII.

Echecs éprouvés par l'armée du Rhin. — Pichegru donne sa démission de général en chef. — Il est nommé ambassadeur en Suède. — Il refuse.

Le 3 vendémiaire, les autrichiens, sans avoir égard à la neutralité de la Prusse, * passèrent sur son territoire, combattirent l'armée de Sambre-et-Meuse qui se trouvait sur la rive droite du Rhin, nous firent beaucoup de prisonniers, et nous forcèrent à repasser promptement le fleuve, et

* En l'an III, après la conquête de la Hollande, le roi de Prusse avait fait un traité de neutralité avec la république française, et s'était retiré de la coalition.

à abandonner le poste important de Cassel. Les français passèrent sous le feu de l'ennemi, et sur le Rhin, aux environs du péage d'Elsflet, une grande quantité de leurs trains d'artillerie et de leurs munitions. A la suite de cette retraite, on fut étonné de voir enlever une partie du parc de siège sous Mayence, forteresse cernée par les français. Les autrichiens, qui eurent connaissance de ce déménagement, firent des sorties préjudiciables aux républicains.

Le 24, ces derniers tentèrent le passage du Rhin dans les environs de Bringen, afin de surprendre le quartier-général à Oberingelheim. La tentative ne fut pas heureuse : ils perdirent plus de 400 hommes, et, n'osant en sacrifier un plus grand nombre, ils restèrent sur la rive droite.

Le 7 brumaire, les lignes de Mayence furent surprises par derrière. L'ennemi passa le Rhin au poste important d'Oppeinheim; cinquante hussards autrichiens jetèrent l'alarme dans le camp français, et bientôt une poignée d'ennemis prit des postes que 50,000 hommes n'auraient pu enlever dans un combat en règle. L'armée française surprise, l'effroi répandu par les malveillans qui jetaient des cris d'alarme, nos soldats nus et sans pain, désespérés de voir un représentant étaler le faste de Lucullus, tout concourut à rendre notre déroute complète. Le général d'artillerie Dieudé fit tous ses efforts pour sauver l'artillerie des mains de l'ennemi : les chevaux lui manquèrent, ainsi que tous les moyens de transports, une partie fut prise par les autrichiens, et on fit sauter les parcs de réserve, dont un était composé de 260 voitures, pour lesquelles on n'avait que 17 chevaux. Le représentant et sa cour quittèrent la place de Kerkempolant; les chefs d'administration sauvèrent leurs personnes et leurs charriots; les agens subalternes ne purent contenir leurs subordonnés, dont le dénuement était extrême. Un pillage affreux se commit dans toutes les communes où passa l'armée en déroute. Le général de brigade Dieudé et le brave Marmont * voulurent sauver leurs canons et leurs munitions. Ce dernier

* Il était alors capitaine : il fut promu, par la suite, au grade de général de brigade, et ensuite à celui de général de division commandant l'artillerie. Ses talens ont contribué à la gloire du nom français, soit en Italie, soit en Égypte, sous le commandement en chef de Bonaparte.

ne se tira des lignes de Mayence qu'en se battant avec la plus grande bravoure contre l'ennemi, qui faillit le faire prisonnier.

Par cette malheureuse déroute, l'armée du Rhin fut obligée de se retirer. Le général Pichegru, après avoir fait les plus grands efforts pour soutenir ses positions, commença lentement sa retraite, et l'opéra honorablement.

Ce général, ayant éprouvé beaucoup de contrariétés et de dégoûts à cette armée, envoya sa démission.

Un arrêté du directoire, en date du 14 germinal an IV, le nomma ambassadeur en Suède : il n'accepta pas. A cette époque, il avait été disgracié et remplacé par le général Moreau dans le commandement de l'armée de Rhin-et-Moselle, pour n'avoir pas voulu se courber sous le joug d'un représentant du peuple en mission, qui voulait faire le général en chef. On crut dédommager Pichegru en l'expatriant : il se retira alors à l'abbaye de Bellevaux, emportant avec lui l'estime de ses compagnons d'armes. Sa gloire et sa renommée le suivirent dans sa retraite. Tous nos publicistes rappelaient ses campagnes, célébraient ses victoires, et le proclamaient le vainqueur de la Hollande, et l'ami des vrais français.

Il vécut tranquille dans sa retraite jusqu'au mois de germinal de l'an V, cultivant les arts et les sciences, et menant la vie d'un sage et d'un philosophe.

CHAPITRE XXIII.

Pichegru nommé député au conseil des cinq-cents. — Il est élu président; ensuite rapporteur sur la marche des troupes sur Paris.

DANS les premiers jours de germinal, le peuple se forma en assemblées primaires pour le renouvellement par tiers du corps législatif : le département de la Haute-Saône porta Pichegru au corps législatif.

L'installation du nouveau tiers au corps législatif se fit le premier prairial, et Pichegru fut élu président du conseil des cinq-cents. Le peu de mots qu'il prononça en montant au fauteuil lui furent inspirés par la modestie.

« Citoyens-représentans, dit-il, je suis pénétré de la plus vive reconnaissance pour les honorables témoignages de bienveillance que je reçois de vous. Plus j'apprécie les fonctions éminentes auxquelles vous venez de m'élever, plus je sens mon insuffisance. Je connais peu les formes d'usage des assemblées délibérantes ; j'ai besoin de beaucoup d'indulgence, et je vous supplie de m'accorder toute la vôtre. »

C'est à l'installation du nouveau tiers que l'on doit faire remonter l'époque de la lutte entre le directoire et le corps législatif : ses premiers symptômes, faibles en apparence, devinrent de jour en jour plus alarmans ; et, dès le mois de thermidor, on dut prévoir l'orage qui menaçait la chose publique. Il était d'autant plus difficile de le conjurer, que des journalistes vendus aux passions s'étaient imposé l'horrible tâche de répandre, tour à tour, sur ces deux puissances, les soupçons, le ridicule et le mépris.

Déjà le corps législatif ne voyait pas sans inquiétude les projets du directoire, quand un changement se fit dans le ministère : celui de la police fut confié à Lenoir-Laroche, connu pour être partisan des sociétés populaires. En même tems un corps considérable de troupes s'achemina vers Paris. Le corps législatif, alarmé, demanda au directoire quelles étaient les raisons qui l'obligeaient, en détachant une partie de l'armée de Sambre-et-Meuse, à dégarnir la frontière pour faire marcher des troupes dans l'intérieur. Le directoire répondit d'une manière évasive, et l'harmonie, dès lors, fut entièrement rompue entre les premiers pouvoirs.

Tandis que le nouveau ministre de la police couvrait les murs de Paris d'affiches conçues en des termes injurieux et flétrissans contre le corps législatif, le général Hoche arriva à Paris. On le désignait hautement comme devant commander les troupes destinées à renverser la représentation nationale. Le directoire le nomma ministre de la guerre : l'incompétence de son âge fut un obstacle, et Schérer fut nommé à la place de Pétiet, disgracié.

Une partie du conseil des cinq-cents, se rappelant l'inimitié que l'on savait exister entre Hoche et Pichegru, voulut opposer celui-ci à son rival; mais l'épée n'était pas sortie du fourreau, et l'on n'en était encore qu'aux moyens tortueux de la politique.

Le conseil des cinq-cents nomma

Pichegru et l'ex-général Willot, aussi disgracié, pour faire partie de la commission chargée de l'examen du message du directoire sur la marche inconstitutionnelle des troupes.

En rapportant quelques passages du rapport de cette commission, dont Pichegru fut l'organe, nous ferons mieux sentir de quel esprit le conseil des cinq-cents était animé, et combien une scission entre les premières autorités devenait de jour en jour plus inévitable.

« Rien de plus certain, disait Pichegru, que la marche d'une colonne de troupes sur les communes de Reims, la Ferté-Alais, Melun, etc.; rien de plus naturel que le mouvement de ces troupes pour une expédition quelconque : mais rien de plus extraordinaire que le mode d'après lequel il s'est opéré. »

Après avoir discuté et pulvérisé avec calme et sang froid les principaux motifs apportés par le directoire pour justifier la marche de ces troupes, il ajouta :

« Pourquoi cette direction, au lieu d'être prise par le nord de Paris, comme la carte l'indique naturellement pour des troupes qui, partant des environs de Namur et des bords de la Meuse, ont à se rendre à Brest, l'a-t-elle été par des points opposés ; c'est-à-dire par le sud de Paris, jusqu'à Chartres ? Pourquoi, tandis qu'il existe une armée considérable sur les côtes de l'Océan, va-t-on chercher si loin des troupes destinées à un embarquement ? Pourquoi fait-on figurer dans cette expédition maritime sept à huit régimens de chasseurs et de hussards, formant ensemble environ 5,000 hommes de cavalerie ? pourquoi aussi un régiment d'artillerie à cheval ? »

Après avoir développé l'irrégularité de la marche des troupes, et fait entrevoir les projets du directoire, il termina ainsi, en s'adressant aux troupes de la république :

« Soldats de la liberté, autrefois, dans l'état monarchique, les armées étaient la propriété d'un maître ; elles existaient pour lui, elles ne recevaient d'impulsion que de sa volonté arbitraire ; mais, maintenant, vous appartenez à vous-mêmes et à la nation dont vous faites partie, et vous ne devez rien faire qui tende à détruire ou altérer ce que son vœu a établi. Comme soldats, vous devez obéissance aux chefs suprêmes de l'autorité exécutive ; comme citoyens, vous devez protéger et maintenir les institutions sociales, et conserver l'intégralité des pouvoirs directement émanés du peuple ; c'est la nation seule, dont vous êtes une portion chérie et respectée, qui vous prépare d'honorables asiles, qui vous décernera de justes récompenses ; c'est pour ses droits seuls que vous devez combattre. »

Le 12 thermidor, une loi fixa à six myriamètres (douze lieues) de l'enceinte où réside le corps législatif la limite constitutionnelle que les troupes ne devaient pas franchir.

Cette mesure ne fut pas la seule à laquelle le conseil crut devoir recourir ; une commission s'occupa de la réorganisation de la garde nationale sédentaire. Le directoire ne vit pas de sang froid Pichegru membre de cette commission, et il nomma, de son côté, le général Augereau, arrivant d'Italie, pour commander les troupes réglées qui étaient alors à Paris. De son côté, le conseil des cinq-cents voulut que la garde du corps législatif fût sous les ordres des inspecteurs de chaque conseil.

Tous ces préparatifs hostiles étaient accompagnés d'adresses diffamantes * pour le corps législatif, que l'on répandait parmi les différens corps de troupes. Des pamphlets contre les conseils, les représentaient en pleine contre-révolution, et par-

* Si, d'un côté, les partisans du directoire lançaient des adresses et des épigrammes contre le corps législatif, ceux de cette autre autorité avaient aussi des plumes qui cherchaient à le venger. Parmi la foule de ces écrits de toute espèce, on remarqua *les Queues républicaines et le petit Catéchisme révolutionnaire*.

laient de 20,000 hommes pour les mettre à la raison.

La marche des troupes sur Paris occupa le conseil pendant plusieurs séances. En vain le directoire l'attribuait à une erreur de route; en vain il alléguait des déclarations illusoires, faites par des commissaires des guerres; le conseil n'en demeura pas moins convaincu que la marche des troupes se dirigeait contre lui-même, et que tout concourait à favoriser les vues secrètes du directoire.

Le peuple, témoin passif de toutes ces dissentions, ne pouvait que gémir, plaindre la patrie, et attendre, en tremblant, les résultats; les bons citoyens faisaient des vœux pour le salut de l'état; les agitateurs, les intrigans, les artisans de discorde, souriaient à l'approche d'une commotion générale qui pouvait ouvrir une vaste carrière à l'ambition et à la cupidité ; l'armée craignait de voir ses lauriers flétris par les horreurs de la guerre civile. C'est au milieu de tant de présages sinistres, que s'approcha l'époque désastreuse qui devait priver la patrie de tant de citoyens qui l'avaient jusqu'alors dignement servie.

CHAPITRE XXIV.

Journées des 18 et 19 fructidor. — Arrestation de Pichegru et de plusieurs membres des deux conseils. — Sa déportation à Cayenne. — Son évasion.

Le 18 fructidor, avant l'aurore, les habitans de Paris entendirent le canon d'alarme; les ponts et les quais se couvrirent de troupes, de canons et de munitions. Chacun étonné se demandait : pourquoi cet attirail de guerre au sein de la cité ? Bientôt on apprit que l'on touchait au dénouement. Le directoire devait sortir vainqueur de la lutte. A cinq heures du matin, les deux conseils furent cernés; dix-neuf députés, parmi lesquels étaient Pichegru et Willot, furent arrêtés et conduits au Temple ; on apposa les scellés sur les papiers des commissions des inspecteurs des deux conseils.

De longs placards posés sur les murs de Paris développèrent une grande conspiration contre la république. * On y lut une lettre du prince de Condé au représentant Imbert Colomès ; une négociation entre ce prince et Pichegru, par laquelle ce général, lorsqu'il commandait en chef l'armée du Rhin, devait livrer la frontière d'Huningue aux émigrés, mar-

* Malheur aux états où les conspirations sont fréquentes ; elles attestent l'impéritie des chefs et la haine des subordonnés : mais mille fois malheur aux états où les conspirations sont devenues des moyens de gouverner : alors il n'existe véritablement ni gouvernement, ni patrie. N'y cherchez plus des citoyens, des magistrats, vous n'y trouveriez que des tyrans et des esclaves.

cher sur Paris conjointement avec eux, et proclamer Louis XVIII roi de France. Pour cette expédition, le prince de Condé promettait à Pichegru, au nom du roi, le gouvernement d'Alsace, le cordon rouge, le château de Chambord, son parc et ses dépendances, 12 pièces de canon enlevées aux autrichiens, un million d'argent comptant, 200,000 f. de rente, reversibles par moitié sur la tête de sa femme, et 5,000 f. à ses enfans,* enfin la terre d'Arbois, patrie de ce général, qui aurait porté le nom de Pichegru, et aurait été exempte de tout impôt pendant quinze ans.

On fut étonné que Pichegru ne se fût pas rendu à des propositions aussi brillantes, lorsqu'on savait qu'en quittant le commandement de l'ar-

* Pichegru était célibataire.

mée, il s'était retiré à la campagne, où il vivait frugalement, éloigné des grandeurs et des dignités; mais le directoire assura qu'il avait répondu au prince de Condé :

« Je ne ferai rien d'incomplet; je ne veux pas être un troisième tome de la Fayette et de Dumouriez. Mes moyens sont grands comme mes ressources, tant à l'armée qu'à Paris; ils sont sûrs, vastes. Je sais qu'il faut en finir, que la France ne peut rester en république, et qu'il lui faut un roi; mais il ne faut commencer la révolution que quand on sera sûr de l'opérer efficacement et promptement : telle est ma devise. Il faut que vous sachiez, disait-il, que, pour le soldat français, la loyauté est au fond du gosier; il faut en lui faisant crier *vive le roi!* lui donner du vin, et un écu dans la main. Il faut que rien ne lui manque en ce premier moment, et il faut solder mon armée jusqu'à sa troisième ou quatrième marche sur le territoire français. »

Ces placards, répandus avec profusion, et plusieurs proclamations semblèrent ne laisser aucun doute sur la conspiration des royalistes. Les deux conseils, mutilés alors par le directoire, déclarèrent que la patrie était encore une fois sauvée par les mesures énergiques prises par le directoire, * et proclamèrent solemnellement le desir de maintenir la constitution de l'an III. Au même instant ils annulèrent les élections de cinquante-trois départemens, et chassèrent de leur sein les membres du nouveau tiers, ainsi que ceux qui

* Les mots !... les mots !... Nous sommes un mémorable exemple de leur pouvoir.

avaient osé parler contre le directoire, dans les discussions sur le mouvement des troupes, sur les finances, sur la religion, sur les dilapidations, etc., etc.

Ils portèrent ensuite des lois qui condamnèrent à la déportation quarante-deux membres des conseils, du nombre desquels fut Pichegru, et deux directeurs, Carnot et Barthélemi. *

Le 23, le directoire envoya, par un message, une lettre du général en chef Moreau, adressée au directeur Barthélemi, qui l'avertissait confidentiellement qu'on avait trouvé

* Une des plus fortes inculpations qu'on fit à Barthélemi fut d'avoir toujours approuvé par de graves inflexions de tête, les opinions que Carnot émettait et discutait au directoire, lorsqu'il était en délibération !...

dans un fourgon appartenant au général allemand, Klingin, pris par les français, une correspondance entre le prince de Condé et Pichegru, désigné sous le nom de Batiste. Moreau déclara que plus de 300 lettres étaient écrites en chiffres, et que, lors du grand mouvement qui devait s'opérer en l'an IV, Pichegru avait dû recevoir 900 louis au moment de sa démission, pour préparer les esprits, lors de son voyage à Paris, en quittant l'armée du Rhin, et que ce fut, sans doute, cette somme qui l'empêcha d'accepter l'ambassade de Suède, à laquelle il avait été nommé par le directoire. Moreau ajouta qu'il lui en coûtait beaucoup de parler ainsi du général Pichegru, qui fut son ami; mais qu'il ne pouvait taire une pareille trahison, dont les preuves étaient entre les mains des généraux Desaix et Régnier, et un de ses aides-de-camp chargé de dépouiller la correspondance dont il était question. *

Une autre lettre du chef de l'état-major de l'armée d'Italie, annonça au directoire que, dans un porte-feuille saisi sur le comte d'Entraigues, émigré français, et prisonnier de guerre à Milan, on avait trouvé une correspondance entre lui et Pichegru. Ce d'Entraigues, quelque tems après, s'évada de la ville de Milan, quoiqu'il eût donné sa parole d'honneur de demeurer prisonnier de guerre jusqu'au moment

* Le directoire de son naturel n'était pas reconnaissant; malgré les services importans rendus par Moreau, ce général perdit le commandement de l'armée du Rhin, immédiatement après les journées des 18 et 19 fructidor.

où Bonaparte lui aurait accordé sa liberté. Il déclara alors qu'en donnant sa parole, il sentait l'impossibilité de la tenir...

« On prétend, disait-il, avoir découvert une correspondance entre M. Pichegru et moi; j'ai dû m'échapper pour déclarer que de ma vie, je n'ai vu, connu, parlé, écrit, ni fait parler, ou écrire directement, ni indirectement à M. Pichegru; je n'ai jamais eu de relation, ni avec lui, ni avec aucun membre des cinq-cents, ni enfin avec aucun ministre, depuis la création de la république. Cela est très-précis; je défie qui que ce soit, à présent que je peux répondre, de donner la plus légère preuve du contraire; je détruirai à l'instant toutes ses accusations, et, en attendant, j'envoie l'inventaire de tout ce que contenait le fameux porte-feuille, et je défie qu'on cite y avoir trouvé d'autres papiers que ceux que j'avoue, etc. »

Les membres des conseils condamnés à la déportation, furent d'abord conduits au Temple. Le 22 fructidor, Pichegru et ses compagnons d'infortune furent mis dans quatre voitures, semblables aux voitures de transport de l'artillerie. C'étaient des espèces de cages, fermées des quatre côtés avec des barreaux de fer, à une hauteur telle qu'ils meurtrissaient ceux qui étaient dedans au moindre chaos.

Le premier vendémiaire, après des fatigues de tout genre, au milieu des injures de ceux qui les conduisaient, et des clameurs de cette classe d'hommes qui ne sait qu'insulter au malheur, les illustres proscrits arrivèrent à la vue de Rochefort. On les conduisit vers le port. C'est-là surtout qu'une populace égarée les accabla de ses vociférations ; les derniers mots qu'ils recueillirent sur le sol de leur patrie, furent des cris de mort et de proscription. On les embarqua sur la corvette la Vaillante. Pichegru avec trois de ses compagnons furent conduits dans la fosse aux Lions. « Pour vous quatre, messieurs, leur dit-on, voilà le logement qui vous est destiné. » *

Après une traversée où les déportés souffrirent tous les maux que la vengeance peut inventer, la corvette mouilla dans la grande rade de Cayenne.

Dans les premiers jours de fri-

* C'était un nommé Julien qui commandait la corvette en ce moment.

maire, les déportés arrivèrent au fort de Synamary, et furent partagés en diverses cases..

Pichegru et sept de ses compagnons, voyant qu'il n'y avait à espérer aucun terme à leurs longues souffrances, formèrent le projet de s'évader. Après avoir concerté leurs mesures, et pris toutes les disposiqu'exigeait la sûreté de leur évasion; après six mois d'exil, les huit déportés se rassemblèrent vers la porte du fort de Sinamary, dont le pont n'était point encore levé. Tout dormait d'un profond sommeil. Pichegru monta avec Aubry et Ramel sur le bastion du corps-de-garde. Ramel va droit à la sentinelle; lui demande l'heure qu'il est: la sentinelle fixe les étoiles. Ramel lui saute à la gorge; Pichegru la désarme, et on l'entraîne, en la serrant, pour l'empêcher de crier. Ils rejoignent leurs camarades au pied du rempart, et n'apercevant personne dans le corps-de-garde, ils prennent des armes et des cartouches, sortent du fort et volent à une pirogue qui les attendoit.

Dans la traversée, ils faillirent mille fois de périr ; enfin, après neuf jours, ils arrivèrent au fort de Monte-Krick, dont le commandant les traita avec humanité ; il leur demanda ensuite, feignant de les prendre pour des marchands, s'ils avaient touché à Synamary ; ils lui répondirent que « non. « Eh ! que font, dit-il, ces mal-« heureux Pichegru et Barthelemy, « et leurs compagnons d'infortune ? « Ils lui répliquèrent qu'ils étaient « bien malheureux ; mais que dans ce « moment ils espéraient que leur sort « allait changer. »

Quelques jours après, ils arrivèrent à Pamaribo, capitale de la colonie de Surinam, où ils furent traités avec les plus grands égards, on leur fit prêter un petit bâtiment où ils s'embarquèrent, et mouillèrent le 20 messidor, à l'embouchure de la rivière de Démérari.

Le premier vendémiaire an VIII, après une fatigante navigation, Pichegru et ses camarades mouillèrent à la rade de Déal, où ils s'embarquèrent pour Londres. On les conduisit chez M. Wickam, qui les reçut avec beaucoup de politesse et d'égards, leur témoigna la part qu'il prenait à leurs malheurs.

Plusieurs de ces déportés ont été rappelés en France ; Pichegru n'a point encore participé à la bienveillance du gouvernement ; mais on peut présumer qu'il le rappelera, étant assez fort pour ne point redouter un homme simplement accusé, et qui, d'ailleurs, a combattu avec gloire pour la défense de la république.

CHAPITRE XXV.

Quelques réflexions sur la conspiration de Pichegru.

De l'aveu même du directoire, il ne s'agissait pas d'une conspiration qui fût sur le point d'éclater, et qu'il eût fallu déjouer par les moyens violens qu'on adopta ; mais d'une tentative échouée, il y avait deux ans, par le refus de celui même que l'on en déclarait le premier instigateur. Toute l'accusation reposait sur une pièce trouvée à Venise, dans le porte-feuille de d'Entraigues, entièrement écrite de sa main. * Le chef

* On sait depuis long-tems que M. d'Entraigues exerce son imagination sur des sujets fictifs. Entre autres pièces de cette sorte,

de l'état-major de l'armée d'Italie en avait certifié l'authenticité, mais non le contenu, et il l'avoit envoyée au directoire, comme le lui prescrivait son devoir. Mais pourquoi cette pièce n'a-t-elle pas été remise en original sous les yeux de celui qu'elle semblait accuser ? Ah ! sans doute, c'est qu'il eût aisément détruit ce tissu de calomnie, d'absurdité, de puérilité, de sottise et de contradiction ? On y accorde des pensions à sa femme et à ses enfans, et jamais il ne fut marié ! De quel droit si, contre toute probabilité, Pichegru était coupable, le directoire lui faisait-il grâce, ou le condamnait-il, s'il ne l'était pas ? C'est qu'il voulait laisser du vague dans cette préten-

il est l'auteur d'un dialogue entre un général autrichien, et un commissaire en chef de l'armée française en Bavière.

due conspiration ; c'est qu'il ne cherchait qu'un prétexte pour perdre une foule d'hommes qui s'étaient déclarés les ennemis de sa mauvaise administration ; c'est qu'il voulait une révolution , et non un jugement. Mais un grand homme, un militaire qui a bien servi et défendu son pays, a toujours en sa faveur la présomption de l'innocence. *

* Ces réflexions sont extraites de l'histoire du Directoire Exécutif de France, 2 volume in-8°.

ANECDOTES SUR PICHEGRU.

On fit entrevoir un jour à Pichegru, au milieu de ses triomphes, que sa gloire offusquait les autorités, et les indisposait contre lui. Un proconsul, moins modéré que les autres, le lui dit assez vivement et très-grossièrement, au milieu d'un repas à Bruxelles. Le général, peu endurant, avec un air très-réfléchi, se contenta de lui faire cette réponse : *Je vois, citoyen représentant, que l'aristocratie n'a fait que changer de mains.*

Après la journée du 18 fructidor, Pichegru, qui était du nombre des déportés, reçut, ainsi que ses compagnons d'infortune, les plus grands témoignages d'estime et d'affection de la part de plusieurs habitans d'Orléans : à Blois, on lui fit parvenir un billet conçu en ces termes :

« Général, sortir de la prison où « vous êtes, monter à cheval, vous « sauver sous un autre nom, à la fa- « veur d'un passe-port, tout cela ne dé- « pend que de vous. Si vous y consen- « tez, aussitôt après avoir lu ce bil- « let, approchez-vous de la garde « qui vous surveille, et ayez soin « d'avoir le chapeau sur la tête : ce « sera le signal de votre consente- « ment. Alors soyez de minuit à deux « heures, habillé et éveillé. »

Pichegru s'approcha de la garde, la tête nue... La personne qui desirait le sauver jeta sur lui un regard d'admiration, et s'éloigna en soupirant.

*Extrait d'une lettre de M. R*** à M. Zulmann, négociant à Bordeaux.*

Londres, 27 octobre 1798.

« Depuis que je connais le géné-
« ral Pichegru, je ne suis plus étonné
« de sa grande réputation militaire.
« Vous savez que je ne juge pas avec
« précipitation. Ce n'est donc qu'a-
« près l'avoir long-tems étudié que
« je me permets de prononcer sur son
« compte. Pichegru est, sans contre-
« dit, l'un des plus grands généraux
« de l'Europe; mais je ne lui sup-
« pose pas les mêmes talens comme
« politique. C'est un brave qui ne
« doit être bien placé qu'à la tête
« d'une armée. A sa démarche fière,
« on croit reconnaître un vain-
« queur; sa contenance est d'un héros,

« et sa physionomie d'un honnête « homme. Il ne parle que de son pays : « on voit que son opinion se borne « à l'amour de la patrie. Au surplus, « il parle peu. Je ne sais pas si Piche- « gru est fortement attaché au sys- « tême républicain ; jusqu'à présent, « j'ai moins cherché à pénétrer son « opinion que son cœur. Ce grand « homme semble toujours disposé à « répondre à ceux qui viennent lui « parler de tel ou tel parti : *Faites « le bonheur des français, et je « suis pour vous.* »

Quelques jours après son arrivée à Londres, Pichegru reçut les visites de plusieurs membres des plus distingués du parlement. Le hasard le plaça un soir à la séance des *pairs*, où il assistait *incognito* entre le duc d'York et le stathouder ; il ne fut pas long-tems sans être reconnu. Ces deux princes le regardèrent avec beaucoup d'attention, et plusieurs lords s'approchèrent de lui pour le saluer.

A Londres, dans un dîner, chez un membre du parlement, où Pichegru assistait avec les déportés, et où se trouvaient le ministre Wickham, Sydney Smith, et plusieurs lords, il porta le toast suivant:

« Au bonheur des nations... Que « les amis de l'humanité se réunissent « pour desirer la paix et la chûte des « oppresseurs !... »

A Sinamary, Pichegru, toujours ferme, montrait cette confiance, cette espèce de pressentiment d'un meilleur avenir, qui se communiquait aux autres déportés. Sa principale occupation fut d'apprendre l'anglais : il conservait dans ses distractions les habitudes et le ton militaire. Pour dissiper ses ennuis, il chantait des fragmens applicables à sa situation, non des plaintes et des romances, mais des expressions véhémentes, des chansons guerrières.

Au 18 fructidor, les députés arrêtés furent conduits au Temple. A force d'instances, les portes de la prison furent ouvertes aux femmes des déportés. Pichegru voyant arriver les épouses de ses collègues, vint à elles, et prit entre ses bras le petit enfant de Delarue, qui pleurait. Et pourquoi pleures-tu, mon enfant ? lui dit Pichegru les larmes aux yeux, et en l'embrassant. — Pourquoi ! répondit l'enfant, *soldats méchans ont arrêté petit papa.* — Tu as bien raison, répartit Pichegru avec indignation : et en jetant sur les militaires un regard de mépris : Ce sont de *méchans* soldats ; car de bons soldats ne seraient point des bourreaux.

Pichegru, prêt à partir pour la Guiane, versa des larmes sur le sort de sa sœur et de son pauvre frère, ministre catholique, dont il soutenait seul l'existence. Ils vont rester sans appui, sans ressources ! Pichegru ne fut jamais riche. Il part....... Une dette de 600 francs n'est pas acquittée ; on s'adresse à ces deux infortunés. Des objets bien chers se trouvent entre leurs mains, mais ils ne peuvent plus les conserver. L'habit, le chapeau, l'épée du vainqueur de la Hollande sont vendus !... et c'est la dernière ressource de son honorable misère !...

Le roi de Prusse fut le seul entre les coalisés qui se défiait des plans de Pichegru, et le seul qui lui ait rendu justice. Vers le commencement de la campagne de l'an II, ce monarque écrivit à l'empereur une lettre qui fut insérée dans les journaux; elle portait en substance :

« Il est impossible de sauver votre « territoire de l'invasion; les français « ont toujours des armées renais- « santes; et ne vous y trompez « pas, leurs généraux ont une bonne « tactique qui déconcerte la nôtre, « et la met toujours en défaut.

Dans une affaire qui eut lieu entre Courtrai et Ingelmunster, le second régiment de cavalerie laissa prendre ses deux canons. Le général Pichegru fit mettre à l'ordre que ce régiment, ainsi que tous ceux qui perdraient leurs canons, n'en pourraient redemander qu'après en avoir pris le même nombre sur l'ennemi. Trois jours après, ce régiment en prit quatre.

On lit dans dans un mémoire, publié sous le nom de Carnot, le passage suivant :

« Je suis loin de vouloir décider
« si Pichegru était coupable ; il le
« fut sans doute, si la centième par-
« tie de ce qui est dit de lui dans
« le rapport de la commission * est
« vrai. Mais quand je démontre que,
« sur tous les faits qui me sont inti-
« mement connus, elle a outragé la
« verité avec le dernier degré de l'im-
« pudeur et de la perfidie, il est
« permis de supposer qu'elle ne l'a
« pas respectée davantage en ce qui

* Bailleul, rapporteur.

« concerne les autres. Et que pen-
« ser lorsqu'on la voit pousser l'in-
« justice jusqu'à réduire au néant
« les services que Pichegru a rendus
« comme général en chef de l'armée
« du Nord, de peur qu'on ne soit
« tenté d'opposer dans le tableau ces
« mêmes services aux délits dont
« on l'accuse ! Si Pichegru n'est pa
« coupable, on pourra mettre sur son
« tombeau l'inscription qu'on lit sur
« celui de Scipion, dans la campagne
« des environs de Naples.

Ingrata patria, neque ossà mea habebis.

« Quelques jours avant la catastrophe du 18 fructidor, ajoute Carnot, la Cne. Eble, sœur du célèbre officier-général d'artillerie de ce nom, vient chez moi. — « Est-il donc décidé, C. Carnot, me dit-elle, que Pichegru abandonne les patriotes ?

— Je n'en sais rien, lui dis-je ; mais sa conduite n'est rien moins que rassurante. — Je veux, me dit-elle, l'aller voir ; je veux enfin lire dans son ame, et connaître sa pensée. — J'approuvai sa démarche. Elle revint deux ou trois jours après, et me dit : Non, Pichegru ne nous abandonne pas : il demande ce qu'il doit faire pour prouver qu'il n'abandonne pas les patriotes. — Il faut, lui répondis-je, que Pichegru monte à la tribune du conseil des cinq-cents, qu'il s'y prononce de manière à ne laisser aucun doute sur ses sentimens, et à porter l'effroi parmi les artisans de la contre-révolution. Il faut que ses actions répondent à ses paroles, et qu'au lieu d'alimenter des espérances criminelles, par sa conduite ambiguë, il rallie enfin autour du drapeau national tous les défenseurs de la liberté. Ce rôle, ajoutai-je, est le seul qui convienne à la réputation de Pichegru, et il n'a pas de tems à perdre. »

FIN.

TABLE

DES MATIÈRES.

F I N.

CATALOGUE

Des livres imprimés qui se vendent chez BARBA.

Adèle et Dabligny, Pigault Lebrun, in-12, fig. 1 f 50 c.
Angélique et Jeanneton: Pigault-Lebrun, 2 v. in-12 3 f.
Anna Grenwil, rom. histor. du siècle de Cromwel, par l'auteur de Célestine et du Boudoir de Pauline, 3 vol. in 12, fig. 5 f.
Ana des Ana, ou de tout un peu, avec 6 portraits, contenant les anecdotes, bons mots, calembourgs, épigrammes les plus saillantes, 2 vol. in-12. 3 f.
Amans (les) Vendéens, 4 vol. in-12, fig. 6 f.
Les tomes III et IV séparément. 3 f.
Amour et Galanterie, 2 vol. in-12, *dans le genre de Faublas*, fig. dessinées par l'auteur et gravées par Chatignez. 4 f.
Aventures de Roquelaure, in-18, portrait. 50 c
Baron de Felsheim, Pigault Lebrun, 4 v. in-12. 6 f.
Les tomes III et IV séparément. 3 f.
Bouquet de Roses, ou Recueil de pièces inédites, de Bouflers, Parny, Barré, Radet, etc. in-18. 1 f.
Brick-Bolding, 5 vol. in-12, fig. 7 f. 50 c.
La suite, 2 vol. in-12, fig. 3 f.
Biévriana, ou Jeux de mots de M. de Bièvre, 1 vol. in-8. fig. 1 f.
Cabane (la) mistérieuse, par V. D. M. 2 vol. in-12. fig. 3 f.
Caverne (la) de la Mort, tr. de l'ang. 1 v. in-18, fig. 1 f.
Calembourgs comme s'il en pleuvoit, in-18. 75 c.
Calembourgs de madame Angot, in-18. portrait. 75 c.
Cent vingt jours, ou les quatre nouvelles: Pigault-Lebrun, 4 vol. in-12, jolies fig. 6 f.
Célestine, ou les Epoux sans l'être, 4 v. in-12. 6 f.
La même, 4 vol. in-18, fig. 4 f.
Chevaliers (les) de sept Montagnes, ou Aventures arrivées dans le 13e siècle, tr. de l'allem. par J. N. E. de Bock, 3 vol. petit in-8. 5 f.
Charmansage, ou Mémoire d'un jeune citoyen faisant l'éducation d'un ci-devant noble, par l'Aventurier français, 4 vol. in-12. 5 f.
Château (le) de Duncam, ou l'Homme invisible, 2 vol. in-12. fig. 3 f.
Chevaliers (les) du Cygne, ou la Cour de Charlemagne, par madame de Genlis, 3 vol. in-12. 6 f.

Choix (nouveaux) d'Anecdotes, 3 gros vol. in-18, petit texte. 3 f.
Clara Lennox, ou la veuve infortunée, 4 v. in-18, 2 f 40 c.
Colections de Stéréotipe, contenant le théâtre de Voltaire, 8 vol. de Molière, Racine, Corneille, Boileau, contes et fables de la Fontaine, plusieurs Poëtes latin, à 15 s. le vol. en feuilles.
Conjuration d'Orléans, 6 vol. in-18. 5 f.
Contes (les nouv.) Moraux de Marmontel, 4 v. in-12, avec fig. et portraits, beau papier. 8 f.
Cours d'étude de Condillac, 5 vol. in-12. 6 f.
Cousin de Mahomet, 2 vol. in-18, fig. 1 f. 50 c.
Crimes (les) de l'amour, nouv. héroïques et tragiques, par D. A. F. Sade, 4 gros vol. in-12, fig. 6 f.
Défauts (les) des femmes, poëme véridique, en vaudeville, in-12. 60 pages. 60 c.
Elémens de grammaire générale, appliquée à la langue française, par R. A. Sicard, 2 gros vol. in-8. 12 f.
Eloge du sein des femmes, in-18, fig. 7c f.
Enfant du Carnaval: Pigault-Lebrun, 2 v. in-12. 4 f.
Ermanzor et Ariane, ou histoire d'un Mameluck, 2 vol. in-12. fig. 3 f.
Fatalité (la) des ressemblances, Roman historique, 2 vol. in-12. fig. 3 f.
Famille de Fitz Moris, 2 vol. in-12. fig. 3 f.
Famille D'ortemberg, 3 vol. in 12. fig. 5 f.
Femme Abbé, par Sylvain Maréchal, in-12. 1 f. 20 c.
Fagot (le) d'épines, Chansonnier, in-18, portrait. 1 f.
Fille (la) du hameau, par M. R. Roche, 3 v. in-12. 5 f.
Folie Espagnole, (la) par Pigault-Lebrun, 4 v. in-12. 6 f
Forêt, (la) ou le Château St.-Alpin, 2 v. in-12. 3 f.
Frédéric, par J. F. auteur de la Dot de Suzette. 3 vol. in-18. fig. 3 f.
Grivoisiana, in-18, fig. enluminée. 1 f.
Guerre (la) des Dieux, in-18, première édition. 1 f.
Jeune (le) matelot; ou mon noviciat, 1 vol. in-18. fig. 75 c.
Hist. camp. et vie de Bonaparte, 2 v. in 12. 3 f.
Histoire du général Bonaparte, depuis sa naissance jusqu'à la paix général, 2 vol. in-12. portrait. troi. édit. 3 f.
Hist. du général Moreau, depuis sa naissance jusqu'à la paix générale, avec portrait, in-12. 2 f.
Hist. du général Pichegru, in-12. portrait. 1 f. 50 c.
Hist. du Dom-Quichotte infernal, 3 v. in-12. fig. 5 f.
Homme (l') des bois, ou l'Hom. des champs in-18. 7 c.
Homme des champs, par l'Abbé Delille, in-18. 12 f.

Honorine Clarins, hisioire américaine, 2. édit 4 v. in-18. 2 f.
Irma, ou Mém. d'une jeune infortunée, 4 v. in-18. 3 f.
Italien, (l') ou le Confessionnal des Pénitens noirs, par Anne Radcliffe, tr. de l'ang. par A. Morellet, 4 vol. in-18, fig. 4 f.
L'an 2240, par Mercier, 3 v. in-8. avec fig. et port. 10 f.
Les petits Emigrés, ou Correspondance de quelques enfans, par madame de Genlis, 4 vol. in-18. 3 f.
Lettres originales de Mirabeau écritte au dongeon de Vincennes, pendant sa détention, 8 vol. in-18 portrait. 7 f. 10 s.
Lettres à Emilie, sur la mythologie, par Demoustier, édit. tolérée, 6 vol. in-18, jolie édit. 2 f 40 c.
Les grands poètes malheureux depuis Homère jusqu'à nos jours, portrait. 2 f.
Les Provinciales, 12 vol. in-12, 31 fig. par Retif de la Bretonne. 12 f.
Les Ombres, ou la Fantasmagorie littéraire, satyre contre les auteurs modernes, in-12 fig. 1 f. 50 s.
Lorgnette (la nouvelle) des spectacles, ou Critiques et Eloges de tous les Acteurs de Paris, 1 v. in-18. 1 f 20 c.
Lyre (la) d'Anacréon, ou Recueil de romances, arièttes des meilleurs opéra joués en l'an 8, in-12. 1 f. 80 c.
Ma Conversion, ou Vie de Mirabeau, 2 vol. in-18. 2 f.
Ma tante Geneviève, ou je l'ai échappé belle, par Dorvigny, 4 vol. in-18, fig. 3 f.
Mélanie et Félicité, ou la Différence des caractères, 2 vol. in-12. fig. 3 f.
Mémoires de madame la princesse de Lamballe, une des principales vict. de sept. 4 vol. in-12, fig. 6 f.
Mères (les) rivales, ou la Calomnie, par madame de Genlis, 4 vol. in-18, fig. 4 f.
Mérite (le) des Femmes, poëme, par le Gouvé, in-12, fig. pap. vél. impr. chez Didot. 1 f. 80 c.
Métusko, ou les Polonois, Pigault-Lebrun, in-12 1 f. 50 c.
M. de Kinglin, ou la Prescience, *idem*. in-12. 1 f. 50 c.
Miralbat, chef de brigand, par Ch. Bournon Malarme, 2 vol. in-12. fig. 3 f.
Mon histoire au Trente-un, deuxième éd. in-12. 75 c.
Mon oncle Thomas, Pigault-Lebrun, 4 v. in 12. 6 f.
Moine (le), traduit de l'anglais, 4 vol. in 18. fig. 4 f.
Mortimer Lacels, par l'auteur de Brick-Bolding, 2 v. in-18. 1 f.
Nella, ou la Carinthienne, 3 vol. in-12. fig. 5 f.
Nouveau (le) Roman comique, ou Voyages et Aventures d'un Souffleur, d'un Perruquier et d'un Cos-

tumier de Spectacle ; nouv. édit. augmentée de la Correspondance du Machiniste, qui forme les deux derniers volumes; par Dorvigny, auteur de ma Tante Geneviève ; 4 vol. in-18, fig. 3 f.

Nouveau Dom-Quichotte, 6 vol. in-18, fig. imprimé par Didot. 5 f.

OEuvres poissardes de Vadé, avec nouv. fig. 75 c.

OEuvres complètes de Montesquieu 5 v. in-8. fig. 18 f.

Orpheline (l') Anglaise, ou histoire de Charlotte Summers, imitée de l'ang. par Delaplace, 4 v. in-18. 3 f.

Orpheline (l') du château, ou Emmeline, 5 v. in-18. 5 f.

Orphenil et Juliette, ou le réveil des illusions, 3 v. in-12, fig. 5 f.

Opérations (les) de change, par Ruelle, in-8. 2 f. 40 c.

Papa Brick, (le) ou Qu'est-ce que la mort? par Séwrin, auteur de Brick-Bolding, 2 v. in-12. 3 f.

Pauvre (la) Orpheline, ou la force du préjugé, par M ****. 2 vol. in-12, fig. 3 f.

Parisiennes (les), par Rétif-de la-Bretonne, 4 vol. in-12, sans fig. 3 f.

Petit Jacques et Georgette, ou les petits Montagnards, 4 vol. in-18. fig. 2 f. 40 c.

Petit (le) Neveu de l'Arétin, ou parodie burlesque du 4e livre de l'Enéide, petit in-12. 75 c.

Petit (le) Trésor des Artistes et des amateurs des Arts, ou le Guide sûr et infaillible des Peintres, Sculpteurs, Dessinateurs, Graveurs, Architectes, Décorateurs, etc. 3 vol. in-8. ornés de plus de 400 fig. gravées en taille-douce. 10 f.

Podalire et Dirphé, ou la couronne tient à la jarretière, 2 vol. in-12. 3 f.

Projet de Code civil, 2 gros vol. in-12. 2 f. 50 c.

Prophétie de Nostradamus, in-18. 75 c.

Quatre (les) Cousins, par Dorvigny, 3 v. in-18, 2 f. 40 c.

Quatres (les) Aventures : Ma première aventure par Mirabeau ; Le roi fait et défait ; Le masque de fer ; La fille parricide, par l'auteur de l'Aventurier français, 4 vol. in-12. fig. 6 f.

Revue de l'an 8, ou les Originaux du Palais-Royal in-18, fig. 75 c.

Réfutation du livre *de l'Esprit* de Montesquieu, par Laharpe, in-8. 1 f. 20 c.

Rinaldo Rainaldini, chef de brigand, trad. de l'allemand, par L. Delamare, 3 vol. in-18. fig. 2 f. 25 c.

Romans de Pigault-Lebrun, 20 vol. in-12. 30 f.

Sancho (le petit), roman narcotique, par Sollier, auteur du Manuel des foux, 2 vol. in-18. fig. 1 f. 50 c.

Sérails (les) de Londres, tr. de l'ang. 4 v. in-18. 2 f 40 c.
Souterrain (le) ou Maltide, 4 vol. in-18. fig. 2 f. 40 c.
Tableau de l'amour coujugal, 4 v. in-18. fig. édition de Louis. 2 f. 40 c.
Traité pratique des feux d'artifices pour la guerre, les spectacles et divertissemens particuliers, 1 v. in-8. avec 11 planches. 4 f. 50 e.
Tambour (le) du monde, in-18, fig. 60 c.
Testament (le) de Mme Angot, ou le fond du sac de ses Calembourgs, 1 vol. in-12, fig. 1 f.
Tom-Jones, ou l'Enfant trouvé, 5 vol. in-18. 2 f 40 c.
Tout Paris en vaudevilles critiques, satyriqües, aristocratiq. démocratiq. et véridiq. in-12, fig. 1 f. 50 c.
Vengeance (la) tirée d'Hérodote, in-18, fig. 75 c.
Vie de Garick, suivie des deux Lettres de M. Noverre à Voltaire, sur ce célèbre acteur. 1 gros vol. in-12 portrait. 2 f.
Visite (les) nocturne, par l'auteur des Enfans de l'abbaye, 6 v. in-18 fig. (venant de paroître.) 4 f. 10 s.
Vœux téméraires, ou l'Enthousiasme, par madame Genlis, 4 vol. in-18. 3 f
Voyage de Sophie en Prusse, trad. de l'allemand, par Delamarre, 3 vol. in-8. 6 jolies fig. 12 f.
Voyage sentimental de Sterne, 2 vol. in-18. 1 f. 50 c.

SOUS PRESSE.

Abrégé chronologique de l'histoire de la Révolution depuis l'assemblée des états-généraux, jusqu'à la paix général, 3 gros vol. in-12. par Fantin Désodouars.
Hist. de Rivarol ainé, 2 vol. in-12. portrait.

158370

Made in the USA